Le laisser-faire

Vincent Orville

Le laisser-faire

Éditions Velours

Éditions Velours,
95, rue La Boétie – 75008 Paris

—

Texte intégral

ISBN 978-2-35167-233-4

À Guillaume.

Parce qu'il est des hommes qui n'atteindront jamais le bonheur,
Parce qu'il en est d'autres qui ne feront que l'entr'apercevoir,
Il n'est point de femme qui de temps ne possède
À faire du « Laisser-faire » une arme.
Parce qu'elles savent qu'il ne suffit pas de tuer le temps pour qu'il s'arrête.
Alors nul homme ne connaîtra le repos, sauf celui qui s'en détourne.

La Colombière (Indre-et-Loire)

6 octobre 1950

Ce matin, elle est indécise. Debout devant la fenêtre de cuisine, Gisèle attend. Elle attend que le jour se lève pour voir de quelle humeur est le ciel. Hier, diluvien, il l'a contrainte à rester enfermée la journée entière, ce qui ne lui ressemble pas. Le jour est à la nuit ce que l'or est à l'homme, et ce matin, il tarde à apparaître. Les mains dans le dos, le front plaqué contre la vitre, Gisèle s'impatiente…

Aujourd'hui, si le temps le permet, elle ira ôter quelques herbes folles au jardin d'Éden, il y a tant à faire là-bas. Et puis, c'est là qu'elle se sent encore le mieux, loin de tous. Ce n'est pas très bon pour son dos ni pour ses vieilles jambes douloureuses, elle le sait, mais une promesse est une promesse. Gaby pourra revenir quand elle le veut, son jardin ne sera pas laissé à la sauvagerie. Puis, après avoir engrangé quantité de silences, elle se fera un bouquet. Ipomée, iris, passiflore améthyste, peu importe, du moment qu'elles sont bleues.

Bleu, c'est la couleur qu'elle a choisie. Aujourd'hui tout sera bleu, sa robe, son corsage, son chapeau. Même ses humeurs, d'habitude incertaines, vont faire honneur à la clarté de son regard.

Au jardin d'Éden, sur la colline du hameau de Tresseigne, il y pousse autant de fleurs qu'elle y a de souvenirs, alors elle y restera un long moment. Ce n'est que quand les larmes seront venues qu'elle partira. Mais ce n'est pas du chagrin qu'elle abandonne chaque fois, juste des regrets. En passant près du grand sycomore, il sera déjà tard, et une fois de plus, elle n'aura pas vu le temps passer. Gisèle, genoux à terre, déposera alors son bouquet au pied du géant de bois. À voix basse, ses mots choisis iront nourrir le sol de tout ce qu'elle n'a pas eu le temps de dire.

Le temps, voilà son pire ennemi. Le temps, celui qui sans un bruit a filé, celui qui l'a trahie aussi. Il lui a déjà dérobé tant de saisons qu'elle ne sait plus très bien qui elle est, mais qu'importe. D'instinct, Gisèle Darnault a su dissimuler tant d'autres choses, tant de souvenirs que le temps ne pourra jamais lui prendre. Ils sont quelque part, enfouis dans la terre, à quelques mètres de la maison de Pierre, sous un grand sycomore, entre elle et le ciel. C'est là qu'elle a enseveli ses jours les plus beaux. Quelquefois, elle applique son oreille contre le sol pour y entendre ses éclats de rire, du temps où, heureuse, elle pouvait encore le faire. C'est ici qu'elle était assise quand, pour la première fois, son cœur lui a parlé. C'est sous ce vieil arbre qu'elle a ôté ses vêtements jusqu'à la nudité tremblante, pour un homme qui la regardait. Alors, jour après jour comme un rituel, elle est venue ensemencer ce petit coin de tous les plus jolis mots, de toutes les plus belles fleurs.

Voilà ce qu'elle fera aujourd'hui, si le temps le permet.

Mais si le ciel est menaçant, elle n'ira pas plus loin que place de la Liberté, s'asseoir un instant près de la fontaine. Là, elle saluera la parcelle de vie qui lui reste encore à parcourir, en regrettant celle qu'elle ne voit déjà plus. Elle ira, d'un pas léger, tout de noir vêtue. Non pas qu'elle soit en deuil, juste pour narguer les corbeaux et agacer les gens qu'elle va croiser. Personne ne lui parlera, ou si peu. Quelques mauvaises plaisanteries, celles que l'on dit à une vieille dame qui perd un peu la mémoire, mais rien de plus. Elle ne leur donnera rien en échange, pas un mot, pas un sourire ni même un hochement de tête. Si elle a égaré tant de noms en route, ils en sont tous un peu responsables, mais nul ne semble s'en souvenir.

Or, où qu'elle aille, c'est inévitable, Gisèle n'oubliera pas.

Assise sur son banc, elle regardera, envieuse, les enfants jouer à la marelle. Les voir danser ainsi à cloche-pied sur le monde la fera se lever, pour quelques pas autour de la fontaine. Hésitante, elle reprendra sa place, agacée de ne jamais oser. Puis, n'y tenant plus, c'est tout sourire qu'elle leur demandera la permission de s'amuser elle aussi, cinq minutes avec eux. Ils pèseront le pour, soupèseront le contre, juste pour qu'elle sache bien que ce sont eux les maîtres du jeu.

Permission accordée !

Adorables bambins, pas plus hauts que trois ou quatre pommes. Même si certains sont nés de familles hypocrites, elle les aime. Pourvu que le temps n'aille pas mêler leur gentillesse à cette méchanceté dont ils sont issus. Elle prie pour cela, tous les jours. Alors, quand elle lancera sur le « 1 » la petite boîte qu'ils ont remplie de sable, Gisèle à son tour se remplira de bonheur. En la voyant sautiller maladroitement sur une jambe instable, les enfants sauront bien que jamais elle n'arrivera jusqu'au ciel. Pour ne pas la décourager, ils garderont le silence et attendront patiemment que la vieille dame termine son numéro. Oui, ils attendront, tous, parce qu'ils la respectent, parce qu'ils l'aiment aussi. Sur le sept et le huit, elle reprendra son souffle, puis d'un geste disgracieux se retournera. En déséquilibre, elle verra alors apparaître devant ses yeux grisés la jolie jeune fille qu'elle fut, avant que le temps ne la grignote. Gisèle sera quelque part, à mi-chemin entre la terre, le ciel et l'enfer et la belle sera à ses côtés, juste pour ne pas qu'elle tombe. Après quoi, Mémégi pourra rejoindre sa noble solitude, coincée entre la table de la cuisine et le fauteuil du salon, heureuse.

Ces cinq minutes que les enfants auront su gentiment partager, suffiront pour que cette journée soit bonne. Alors c'est sûr ! Demain, elle y retournera. Il y a toujours des enfants qui s'amusent, près des fontaines…

La fontaine, c'est là que tout a commencé.

Celle-ci, place de la Liberté, aurait bien des histoires à raconter. Mais le petit ange qui trône au milieu du bassin a toujours préféré voir jaillir de sa bouche, eau fraîche et limpide, plutôt que mauvaises paroles et ragots. Pourtant, combien de rires engloutis, de mains lavées, de visages rafraîchis et de gorges desséchées, combien ? Combien d'ivrognes ragaillardis, de petits chats noyés, de promesses non tenues a-t-il été le témoin, combien ? S'il ne craignait pas les représailles, il vous parlerait du temps d'avant, quand peintres et poètes s'installaient chaque été sur cette terre battue, au centre du village. Il vous dirait, certain de ne pas se tromper, que c'est bien ici, place de la Liberté, sous ces gigantesques platanes, que la vie a commencé. S'il n'était pas fait de pierre, ce petit ange vous ferait visiter le monde où Gisèle a grandi. Monde éphémère, monde intemporel que les artistes armés de pinceaux d'aquarelle, de crayons à mémoire et de pages à noircir embellissaient chaque jour un peu plus. Il était fait d'illusions, sans retenue aucune, pareil aux jolis mots des poètes, et des crieurs de rues.

Aimer les gens

Été 1891

– Ah ! si les petites gens pouvaient ouvrir les yeux, avait dit un jour Gisèle en admirant le tableau « Mémoire » de Pierre Devanel, le monde n'en serait que plus beau !

– Ouvrir les yeux n'est pas difficile. Ne pas les fermer l'est beaucoup plus ! avait répondu gentiment le peintre.

Ils étaient nombreux cet après-midi-là à se partager l'ombre, place de la Liberté. Silencieuse et immobile, Gisèle laissa son regard lentement en faire le tour. Le soleil qui de temps à autre ruisselait au travers des feuilles, éclairait ses yeux gris, bien ouverts. Puis elle se tourna à nouveau vers le peintre.

– Moi, je désire tout voir. Je voudrais que rien ne m'échappe !

– Alors, passez une bonne journée, mademoiselle, répondit Pierre Devanel avec un large sourire.

Si ce jour-là, il n'y avait pas eu un tel débordement de gentillesse dans la voix du peintre, une telle intensité dans son regard, elle n'aurait jamais eu l'audace de s'aventurer sur le chemin d'une telle demande.

Elle osa :

– Apprenez-moi à aimer les gens !

L'artiste, qui n'était pas un enfant du pays mais présent ici chaque été, fut quelque peu surpris par cette requête. Comment une jeune fille aussi mignonne pouvait-elle réclamer une telle chose ? Avec un charme pareil, cela ne devait sûrement pas lui poser trop de problème. Mais elle était franche et directe et Pierre appréciait.

Cependant, avant de lui répondre, il chercha d'abord dans ses souvenirs. Quel nom pouvait bien porter ce si joli visage? Aucun ne lui vint. Pourtant il était sûr de l'avoir déjà vue. Il chercha encore, mais en vain. Puis, les yeux perdus dans la poussière du sol, il évalua son âge. Dix-huit ans, dix-neuf, peut-être vingt. Il releva la tête et haussa les épaules.

– Aimer les gens? En voilà un vaste projet!

Elle réitéra sa demande:

– S'il vous plaît, apprenez-moi!

Troublé par le regard clair et insistant de la jeune fille, lui qui avait pourtant trois fois son âge fut surpris de sentir son esprit vaciller à ce point. Il y avait dans la voix de Gisèle une grande part d'innocence, mais ses cheveux, sa bouche, son nez, ses yeux l'élevaient au-dessus des nuages. Son corps tout entier donnait au plus petit de ses mots un érotisme certain. D'une grande naïveté, elle ajouta:

– Je n'aime que les chats et on me reproche toujours de n'aimer personne d'autre, alors apprenez-moi! Apprenez-moi à aimer les gens autant que les chats.

– En quelques secondes, et sans même le vouloir, elle venait d'échafauder tout autour de Pierre Devanel l'ossature de la cage dans laquelle il s'enfermait lui-même. Il ne la percevait pas puisqu'invisible encore, mais elle était bien là. Et c'est sûrement le parfum que Gisèle déposait le matin à la base de son cou qui lui fit entrer dans le corps d'étranges sensations. Il n'osa pas, pour sa propre morale, les qualifier de désirs, et pourtant. Si, à cet instant, on lui avait demandé de coucher sur une toile son ressenti, il aurait commencé sans doute par dessiner les mains sèches et tremblantes d'un vieil homme. Puis il les aurait fait glisser sur le ventre d'une jeune et jolie femme à demi dévêtue, vierge de toute caresse, la bouche entrouverte, s'abandonnant totalement au jeu subtil des effleurements de peau. Pour finir, il aurait noyé la scène dans un bleu vaporeux. La toile qu'il aurait clairement signée aurait bel et bien portée le nom de… DÉSIRS.

Le bégaiement dont il fut pris tout d'un coup ne vint pas seul, il se fit accompagner par une gêne à regarder la gamine en face.

– Je, heu… je ne peux pas t'apprendre une… une chose pareille. Aimer les gens ne s'apprend pas!

Et cela fut bien pire quand elle lui prit la main. Il eut peine à le croire, mais tous les messages d'alerte que son propre corps lui avait envoyés s'étaient maintenant associés à la convoitise. Tous le frappaient à tour de rôle et sans répit, afin de lui faire perdre la face, le déstabiliser. Pour qu'il ne se laisse pas emporter plus loin que sa conscience ne lui permettait d'aller, il détourna le regard, mais il était déjà trop tard. Il s'est laissé dériver en terre inconnue, inconscient du danger.

Comme une petite fille qui trépigne d'impatience, elle tira sur la manche du peintre, d'un air accablé.

– S'il vous plaît…

Si la vie lui avait concédé ne serait-ce que deux ans de plus, Gisèle aurait pu comprendre que Pierre venait d'embarquer sur un bateau fantôme, que plus rien maintenant n'arrêterait. Mais elle pensait que, parfois, le bonheur peut aussi naître d'une simple supplique. Alors elle insista. La petite avait pour elle la grâce, la beauté, toute la légèreté d'un ange.

Quand elle sera devenue vieille femme, elle comprendra sans doute qu'apprendre à aimer, c'est aussi apprendre à haïr.

Mais la vie ne lui avait pas dévoilé la laideur, pas encore.

Ses yeux dérivant dans les siens, elle sollicita l'artiste une nouvelle fois, sûre d'elle.

À chaque mot prononcé par Gisèle, à chaque nouveau regard, c'était un barreau qui venait s'ajouter à la cage. Dès l'instant où il sentit la chaleur de sa main dans la sienne, cette cage, il la visualisa. Et ce qu'il ressentit alors était à dix mille lieues de la douleur. Pourtant, Gisèle n'attendait rien d'autre de lui qu'un conseil, juste une réponse à « *comment faire pour aimer les gens ?* » Mais l'imagination du peintre avait déjà dépassé ses propres limites.

Il aurait pu, en quelques mots, renvoyer la petite chez sa mère, ou bien lui demander d'aller quémander sa réponse ailleurs, il y avait suffisamment de monde sur la place pour cela, il ne l'a pas fait. Il lui demanda simplement de se mettre debout sur le banc où lui-même était assis, d'écouter les gens parler et de lui décrire tout ce qu'elle voyait. Alors, précipitamment, elle déposa à terre son petit sac de cuir et s'immobilisa, fière et bien droite, debout sur le banc. Il y eut un ouragan dans l'esprit du peintre quand celle-ci fut perchée. Elle le dominait, insouciante. Puis l'imaginaire en feu de Pierre Devanel les fit entrer tous deux dans la cage et il en referma doucement la porte, bien conscient que maintenant, il lui serait difficile de s'en évader.

– Alors que vois-tu de là-haut?

– Je vois des commerçants sur des charrettes, des charrettes tirées par des chevaux.

– Quel genre de commerçants?

– Ce sont des ambulants. Il y a un boulanger, un vigneron, un boucher, un marchand d'étoffes et un tanneur de peau. Il y a du monde partout, sauf autour du tanneur.

– Comment est-il ce tanneur?

Il rajoute:

– Quelle tête a-t-il?

– Il semble triste. Il est grand, maigre, et de plus, très mal habillé!

– Alors c'est sans doute pour ça qu'il ne vend rien.

– Parce qu'il est mal habillé?

– Non, parce qu'il est triste. Si tu veux aimer les gens et être appréciée d'eux, le secret, c'est le sourire; il estompe la crasse de ta blouse, la boue de tes chaussures et les déchirures de ta chemise. Tout devient plus facile si tu sais sourire. Tu comprends?

En lui expliquant cela, le peintre persistait à chercher encore. Sûr, il était sûr de l'avoir déjà vue, il connaissait ce visage. Une vague histoire de funambule ainsi qu'un petit tube de peinture écrasé sur le sol lui revenaient en mémoire, mais impossible d'y faire entrer la jeune fille. Quelle place tenait-elle dans cette histoire ? Si elle en avait fait un jour partie, alors le peintre d'un grand coup de gomme avait sans doute dû l'effacer.

Au lieu-dit « La Colombière » au cours de l'été 1891, Pierre Devanel, assis, égaré au fin fond de ses cinquante ans, leva la tête et regarda la petite planer au-dessus de lui. Elle scrutait la foule à l'affût du moindre mouvement, un samedi après-midi, place de la Liberté, debout sur un banc, sur la pointe des pieds pour mieux voir. Un léger courant d'air se fit complice des pensées du peintre et releva la robe de Gisèle à mi-cuisses. Elle ne plaqua pas ses mains sur la dentelle et laissa faire le vent, trouvant ce rafraîchissement soudain très agréable. Elle ne pouvait pas savoir qu'à ses côtés, il y avait un esprit en feu qui consumait l'artiste petit à petit. Un esprit qui n'attendait qu'une chose, sortir de l'imaginaire où depuis tant d'années il s'était enfermé. Ce n'était pourtant qu'une paire de cuisses mais dans son esprit encore, ce n'est pas ce qu'il a vu. Il voyait beaucoup plus loin, juste un tout petit peu plus haut. L'homme, dans sa poitrine, sentait son cœur frapper, s'affoler. Il mit ses mains l'une contre l'autre, et de ses genoux les serra pour ne pas qu'elles tremblent. Il fut quand même trahi par un nouveau bégaiement. Les yeux redescendus dans la poussière du sol, il continua, troublé, mal à l'aise :

– Bien ! Bon, alors que, heu, qu'est-ce que tu vois d'autre maintenant ? Et dis-moi ce que tu entends.

Gisèle reprit :

– Je vois des enfants. Ils s'amusent autour de la fontaine, ils crient, ils rigolent et courent dans tous les sens. Il y en a un qui plonge la tête sous l'eau. Oh ! Il éclabousse les autres, il est rigolo. Juste à côté, sous les casquettes et les chapeaux, il y a des vieux posés sur des bancs. On dirait des sentinelles de pierre. Ils observent les enfants d'un air méfiant, mais envieux. Il y en a un qui se lève en brandissant sa canne, il est furieux d'avoir été arrosé. Il crie : « Merde alors ! Allez jouer ailleurs ! ». Il se rassoit. Un autre se lève et, courbé de rire, fait ressurgir les bêtises de leur temps passé. Il raconte que quand ils étaient gamins, ils faisaient de cette fontaine le lieu de leurs méfaits. Leur passe-temps favori était de mettre des morceaux de savon dans le bassin où s'écoule l'eau, de la faire mousser par mouvements rapides et répétés de leurs mains, jusqu'à ce que la mousse déborde du bac et envahisse la place. Il dit aussi que parfois, ils passaient la journée à ramasser grenouilles et crapauds des marais alentour. Ils les mettaient dans de grands sacs de toile, puis à la nuit tombée, ils libéraient les batraciens dans l'eau de cette même fontaine. Le concert de coassement qui s'ensuivait était, paraît-il, un spectacle fabuleux et aucun villageois ne pouvait fermer l'œil de la nuit. Mais personne, jamais, ne put les prendre la main dans le sac, ils étaient bien trop malins pour être vus et bien trop futés pour être pris. Voilà ce que le vieil homme a dit et apparemment, cela les fait toujours autant rire.

Elle s'arrêta quelques secondes.

– J'aime pas les vieux, ils sont laids, tout tordus et ils me font peur, mais je ne savais pas qu'ils pouvaient encore rire et s'amuser. C'est vrai, vous avez raison, quand un sourire arrive à s'agripper sur le visage de quelqu'un, même si c'est un vieux, eh bien… ça lui va drôlement bien.

Quelque peu refroidi par cette vision des gens âgés, Pierre, qui l'avait écoutée parler sans l'interrompre, se mit debout, cassant du même coup l'élan de Gisèle à vouloir énumérer le reste de la foule. Il la prit par le bras et l'invita à descendre.

– Mais pourquoi ? lança-t-elle d'un air étonné, il y a tellement de choses à dire encore, tellement de gens à décrire. L'odeur du pain, le cheval gris du docteur, l'accordéoniste, les oiseaux, les poètes.

Puis elle rajouta d'une voix naturellement sensuelle :

– Il y a aussi les peintres ! Je pourrais dire des choses bien agréables sur les peintres, vous savez !

– Descends, s'il te plaît, lui dit-il en souriant.

Dans un soupir, elle fit ce qu'il lui demandait, en rajoutant d'une fausse colère.

– Pfff! Vous n'êtes pas gentil!

– Pour aujourd'hui, tu as compris tout ce qu'il y avait à comprendre. Ici, personne n'est détestable ni détesté. Le temps s'égrène ainsi, tranquille. Si tu veux aimer les gens, il faut d'abord transformer ton image. Tu es très belle et je pense que tu le sais, mais la beauté ne fait pas tout. Alors, transporte des sourires avec toi, partout et toujours. Ne les perds pas! Tu en places un sur ta bouche, un sur tes yeux, un dans ton cœur. Fais-les vivre et surtout, fais-les crier. Pour l'instant, tu ne possèdes que celui de tes yeux, un beau et large sourire certes, mais ce n'est pas suffisant. Quand tu auras accroché les deux autres et seulement à ce moment-là, tu aimeras les gens. Tu les aimeras autant que les chats. Mais n'oublie jamais une chose, ce sont les gens qui les premiers t'auront aimée, pour les sourires que tu leur auras donnés. Merci de ta visite et maintenant, file! Et n'oublie pas ton sac.

- Je pourrais revenir vous voir? lui demanda-t-elle en enroulant son regard gris bleu dans celui du peintre encore tout écorché, parsemé d'étoiles et d'imaginaire.

Il aurait voulu dire non, ferme et définitif. Il dit:

- Oui, si tu veux, avec plaisir. Mais au fait, comment t'appelles-tu?

– Gisèle Darnault. Et vous?… Non, ne dites rien, laissez-moi deviner.

Elle mit ses deux mains sur son front, clôt ses paupières et fit mine de chercher.

– C'est pas Jacques, heu… Ce n'est pas Henri non plus, c'est sûrement pas Édouard… PIERRE! s'écria-t-elle, c'est Pierre Devanel votre nom.

Puis, en sautillant d'un pied sur l'autre, elle se détourna du peintre. D'un rire un peu narquois, elle rajouta :

– C'était facile, votre nom est inscrit au bas de vos toiles.

Comme s'il n'avait jamais existé, toute guillerette, elle l'abandonna au milieu de ses pinceaux, ses huiles et ses pigments.

– Quel âge tu as ? cria-t-il en la regardant s'éloigner.

Elle continua un instant à se trémousser, marqua un temps d'arrêt, puis lentement se tourna vers Pierre qui, d'un mouchoir s'épongeait le front.

– Quinze ans…

Elle rajouta :

– Bientôt seize !

Le soleil, accroupi entre deux façades, effilochait sa clarté et plaça un instant Gisèle en contre-jour. Un instant suffisamment long pour que Pierre découvre par transparence le corps de la petite. Elle semblait nue sous sa robe. Il pria le ciel pour qu'elle reste là encore un moment, sans bouger, juste le temps pour lui de s'enliser encore un peu plus. Juste le temps d'enraciner ses yeux dans l'âme de la jeune fille, prisonnier de sa toile, à perpétuité. Il pria aussi pour qu'elle vienne le visiter la nuit, dans l'érotisme de ses rêves.

Rougissant de ses propres pensées, il fit un large mouvement de son bras pour chasser Gisèle hors de sa vue.

– Allez, file maintenant… Allez, rentre chez toi !

Et quinze ans bientôt seize, pour inconsciemment l'achever, lui envoya un bisou de la main, après lui avoir dit :

– Alors, à plus tard !

Ce n'était qu'un petit bisou qui n'avait que dix mètres à peine à parcourir. Un bisou inoffensif, échappé de la bouche d'une jeune fille et soufflé dans la chaleur de l'été. Il aurait dû se poser délicatement sur la joue du peintre, comme un remerciement à sa gentillesse, elle voulait seulement aimer les gens. Il arriva déchaîné, démesuré et dangereux. Le souffle innocent de Gisèle décoiffa l'âme de l'artiste et s'engouffra au plus profond de son cœur, fracassant le moindre rempart qui restait encore debout. Rempart qu'un homme érige lentement, pierre après pierre, avec l'âge, avec le temps, pour lutter précisément contre ce genre de tentations et de faux-semblant. Mais ces remparts, ancrés en lui comme des fortifications, se sont révélés être de fines cloisons de carton qu'une gamine a pu, d'un souffle, tout détruire.

Ce n'était pourtant qu'un petit bisou, un bisou sans importance.

Pourquoi, pourquoi l'a-t-il reçu comme une étreinte?

J'avais quinze ans, bientôt seize et je voulais juste aimer les gens, rien qu'apprendre à les aimer. C'est tout ce que je voulais. Quinze ans dans ma tête et quinze dans mon âme. Mais mon corps avait pris de l'avance, trop peut-être. Bien plus grande que toutes les filles de mon âge et sans vantardise aucune, bien plus jolie aussi, ma silhouette élancée faisait tanguer pas mal de regards. Surtout ceux des hommes. Ils s'enroulaient volontiers dans le rythme délié de mes pas, jusqu'à s'épuiser de trop d'envie. Et puis, quand tous ces regards ivres de moi chaviraient, quand l'imagination des uns se mêlait à la convoitise des autres, venait alors cet insupportable silence. Profond comme un puits sans fond, ce silence, j'en étais convaincue me reprochait d'être belle. Mais que pouvais-je y faire? Je n'étais en rien provocante et je faisais tout pour passer inaperçue. Pour ne pas avoir à me justifier sans arrêt sur mon âge, je m'efforçais même de garder ma voix de petite fille. Mais quand Pierre me le demanda, c'est d'une voix de petite femme que je lui ai répondue: « *Quinze ans... Bientôt seize.* » Il représentait tout ce que je voulais devenir et ne correspondait en rien à l'image que je me faisais des hommes. Différent, il était différent de tous les autres.

Je n'avais que quinze ans et tous le savaient. Je jouais encore à la marelle, au jeu de la ficelle, au loup dans la bergerie. Je faisais la ronde avec mes camarades, jouais à la chandelle et dessinais des bagues sur chacun de mes doigts. Pour ressembler à une princesse, j'attachais quantité de fleurs à mes cheveux. Quinze ans et fragile comme une patte de moineau. Cet été-là, « un, deux, trois, soleil » s'est embrasé comme un fétu de paille quand Pierre fit entrer en moi une flamme que jamais je n'ai pu éteindre. Même après toutes ces années, elle danse encore dans mon ventre et rien ni personne n'en apaisera l'amertume. Même si je devais avaler un océan, mes brûlures n'en seraient nullement soulagées.

Un jour peut-être, j'oublierais comment je l'ai tué, et aussi pourquoi je méprise maintenant chaque été qui arrive.

Avec tout ce qu'elle comporte d'inavouable ou de sacré, c'est mon histoire.

Tête-à-tête avec mes souvenirs perdus.

Je n'ai jamais vraiment aimé parler de moi, et surtout pas de mon passé. Si je le fais aujourd'hui, c'est uniquement parce qu'à grands pas, il me rattrape. Je vis ce passé comme une agression permanente et il me frappe un peu plus chaque jour. Croire que l'on peut, sans disgrâce, poursuivre son chemin sans jamais se retourner est une erreur. Croire qu'il suffit, pour s'en débarrasser, de jeter aux oubliettes tout ce qui nous encombre et dans lesquelles invariablement on se cogne, c'est croire aux chimères. Penser qu'un coup d'éponge humide apaise une âme douloureusement blessée n'est que coup d'épée dans l'eau. Notre vie est inscrite à jamais dans nos têtes et rien jamais ne s'efface, pas même nos paroles les plus fugaces et encore moins le plus petit de nos actes. Qu'elles soient furtives ou mûrement réfléchies, négatives ou bien saturées d'amour, nos pensées demeurent éternelles. Une à une, elles s'accumulent en silence dans un petit réservoir logé au plus profond de nous, alimenté en permanence, jamais tari.

Puis, bien des années plus tard et sans même en connaître la raison, l'une d'elles ressurgit, incroyablement intacte qu'on la croirait née de la veille. Pas une ride, pas une trace de ce long passage dans l'oubli.

En aucun cas, je ne veux donner de leçon de vie, mais dévoiler la mienne, sans honte et sans retenue, ne sera pas chose facile. J'ai laissé, pour ma propre survie, tellement d'accrocs dans les profondeurs de l'oubli que je ne la connais pas moi-même, en tout cas pas entièrement. Elle m'apparaît ajourée comme un rideau de dentelle, mitée comme un morceau d'étoffe oublié depuis des siècles dans une armoire. Toute une vie à réparer, rapiécer, recoudre.

Pour cela, je vais devoir puiser au plus profond de ma mémoire des événements pas très agréables, des événements qui vont me faire mal et me déchirer. Je suis consciente de ce que je fais et en assume toutes les conséquences.

C'est pourquoi dès aujourd'hui, je vais tout noter, pour qu'aucun de mes souvenirs ne se réfugie à nouveau dans les brumes de ce que je croyais à jamais perdu.

Je sais bien que de temps à autre, mon esprit appelle mon corps à se figer. Cela commence toujours par de violents maux de tête, survient ensuite d'incontrôlables tremblements, une transpiration excessive m'inonde le dos. Des sons étranges et très désagréables viennent percuter mes oreilles, dès cet instant, je sais. Je sais que mon passé me rappelle à ses côtés et m'invite à sa table. Impuissante à refuser, j'accepte l'invitation, chaque invitation.

Et je reste prostrée des jours entiers, sur une chaise assise ou debout au fenestron du grenier. Ma vie même s'immobilise.

Mais en dehors de ces assignations à me rendre au temps jadis, je vais bien. J'aurais presque pu être heureuse. Même si dans mon dos, je sais qu'il se dit beaucoup de choses, je ne suis pas folle et pas encore acariâtre. Juste un peu « dévariée », c'est tout.

La réflexion est, paraît-il, le propre de l'homme, alors on cherche, on s'interroge, on jauge et on évalue. On se demande… On réfléchit…

Ces dix dernières années, je les ai passées à me demander comment ma vie se serait déroulée si, pendant l'été de mes quinze ans, la curiosité ne m'avait pas poussée à percer le secret qui liait peintres et poètes entre eux. J'aurais pu, j'aurais dû rester tranquille dans la fraîcheur de ma chambre mansardée et les observer de ma fenêtre, comme j'en avais l'habitude.

Mais la tentation était trop forte, il a fallu que je sorte. Il a fallu que je mette le bout de mon nez dans cet univers qui me faisait tant rêver. Non pas parce qu'il était plus beau, mais parce qu'il était différent. Un monde dissemblable de celui où je vivais, heureuse certes, mais tellement chargée d'ennuis. Comme une fleur à demi éclose dans un jardin de toiles colorées et de mots disséminés aux quatre vents, j'avais soif d'apprendre. Envie de faire un royal festin de tout ce qui m'entourait chaque été.

C'est ainsi que je me voyais grandir, les yeux saturés de couleurs et le cœur débordant, délivrée des non-dits. Je voulais, moi aussi, peindre le monde, donner de nouvelles couleurs au ciel, aux gens. Je voulais écrire, dessiner, jouer la comédie, inventer de belles histoires. Bref, ne pas vivre comme les paysans d'ici, au grand dam de ma mère qui elle, détestait l'art dans sa globalité, et les artistes encore bien plus. *Fainéants, mendiants, crasseux, mécréants*, sont une infime partie des qualificatifs qu'elle leur donnait.

Et quand j'essayais de lui dire qu'au plus profond de moi, je voyais mon avenir auprès d'eux, hochant la tête, elle souriait pour mieux laisser son visage s'endurcir l'instant d'après.

– *Pauvre fille*! me disait-elle, *Tu n'as rien trouvé de mieux à faire ? Va donc laver le linge, fais la vaisselle, répare la porte, nettoie le parquet. On se gèle ici ! Va chercher du bois ! Tu sais bien qu'avec son dos, ton père ne peut plus rien faire…*

Et revoilà, une fois de plus, mes rêves désarticulés en quelques secondes, démolis, éparpillés aux quatre coins de la maison. Alors la vision de mon avenir ne serait qu'un champ de ruines ? *Ah non, maman, cette fois j'en ai marre ! Marre de tout reconstruire après ton passage, j'ai besoin d'air, je sors !*

Voilà pourquoi ce jour-là, je suis allée chercher au-dehors un peu de réconfort. Et c'est auprès de Pierre que je l'ai trouvé.

Pour ma mère, seuls les travaux les plus pénibles étaient les plus valorisants, dignes d'intérêts. Celui qui ne rentrait pas le soir avec des ampoules plein les mains ne pouvait prétendre avoir mérité son repas. Celui qui ne regagnait pas sa demeure le dos courbé, les reins cassés, ne pouvait se vanter d'avoir travaillé et n'avait pas droit au repos. La force de ma mère résidait essentiellement dans sa façon de concevoir le travail. Plus il était rude et mieux elle se sentait, fatiguée, mais bien.

C'est ainsi qu'elle se faisait respecter, et elle l'était.

Difficile pour moi d'adhérer à ses idées. Je n'ai jamais trouvé plaisir à rentrer chez moi le soir, fourbue, des douleurs accrochées au corps telles des sangsues. Dans la mesure du possible, j'ai toujours laissé aux autres le soin de se faire abattre par le travail. Depuis que je suis sur terre, j'en ai vu plus d'un tomber au sol pour ne jamais se relever, ou si peu. Il leur faut maintenant quelqu'un pour les nourrir à la petite cuillère. « *Allez, ouvrez la bouche, une cuillère pour maman, une pour papa…* » Et ne croyez pas qu'ils soient vieux. Non, ils sont hommes, femmes, installés dans la cinquantaine, tous adeptes des idées de ma mère. Juste des gens qui croyaient le travail inoffensif, quelle erreur ! En ce qui me concerne, je n'ai jamais vu un peintre, un poète ou un musicien dans un état de délabrement avancé.

De quelle couleur aurait été ma vie si ce jour-là j'avais dit : *Oui maman, je vais nettoyer le parquet comme tu me l'as demandé.* Rose frangée parme ? Bleue paradis ? Noire astrale azurée mauve ? Ou noire désastre des terres brûlées ? Comment savoir ? Que répondre à cela puisque en haussant les épaules, je suis sortie.

Ce jour fut jour de référence pour les autres à venir, le point de départ, le non-retour, la genèse de mes souvenirs. Et ceux que je vais être amenée à réveiller maintenant sont ceux que j'avais mis hors état de me nuire.

C'était il y a bien longtemps. Je les avais jetés au cachot des souvenirs indésirables. Je les croyais morts, eh bien, je me trompais. Ma vie durant, ils se sont tus et je dois avouer que leur silence me rassurait, me laissant croire que j'eus une vie heureuse et sans encombre. Je le pensais vraiment, et debout au promontoire de ma soixantaine, j'en restais convaincue puisque je n'avais gardé de mon existence que les moments de bonheur. Les autres, les indésirables, se sont laissé enfermer sans résistance. Et puis, au fil du temps, ils se sont servis de mon refus à les voir revenir pour bâtir une citadelle imprenable.

Bien sûr, j'aurais pu, quelques années auparavant, y pénétrer sans trop d'efforts. Je me serais faufilée comme un chat dans ses ruelles pour, à pas feutrés, détruire cette citadelle. Je l'aurais conquise seule et sans arme. J'en avais encore la force. J'étais assez téméraire pour me battre avec le diable s'il m'avait provoquée.

Mais aujourd'hui, il me faut bien l'admettre, la force a changé de camp. Aujourd'hui, tout est différent. Les souvenirs que je croyais morts se sont endurcis. Et moi, à essayer de marcher le plus droit possible en évitant pièges et embûches, je me suis fatiguée. Il me faudra bien plus qu'une simple volonté pour oser les affronter en corps à corps les uns après les autres.

Que le sang coule, que la mort vienne, je n'ai pas peur. Ils ont pris ma mémoire en otage et ça, je ne le supporte pas.

La guerre, ils l'ont déclenchée il y a quelques semaines alors que j'étais occupée à tailler les rosiers au pied de la maison.

L'un d'eux m'est revenu, un souvenir rouge sang. Il s'est dressé devant moi, puisant son énergie directement dans la mienne. Bien vivant, il avait une telle intensité qu'il m'a paralysée pendant quelques minutes. Son but était de me faire mal, me vider, me détruire. Un autre, quelques jours plus tard, m'obligea à m'asseoir à même le sol, le souffle coupé, rue des écoles. Il visait à me faire peur pour couper court à toute envie de me battre.

Puis un troisième hier, pendant mon sommeil. Il m'a fait l'effet d'une paire de claques. Aujourd'hui, ai-je un autre choix que d'aller moi-même au-devant d'eux ? Je ne le crois pas. Alors, à partir de cet instant, j'entre dans la guerre et je vais les traquer sans relâche, les uns après les autres. Ils ont décidé de me nuire, alors à quoi bon attendre ? Maintenant jusqu'au dernier, je vais sortir d'outre-tombe mes vieux démons et tant pis si j'en souffre. Je ne supporte plus qu'ils me surprennent, le jour, la nuit, n'importe où et n'importe quand. Et puis, sait-on jamais, peut-être que je découvrirai des souvenirs agréables, que par mégarde, j'aurai jetés avec les autres.

Avant qu'il ne soit trop tard et avant que ma voix ne se réduise à un simple balbutiement, j'aimerais aussi régler quelques comptes avec ceux qui trop longtemps se sont moqués de moi. Ils ont parlé sans savoir, eh bien maintenant, ils sauront. Mais rien, jamais rien ne pourra égaler le mal qu'ils m'ont fait.

Le mal ne se mesure pas, il s'intensifie, il enfle et dévaste tout. Puis avec le temps, il s'estompe. Seule la douleur qui en résulte peut être mesurée, mais pas le mal… Pas la cause.

Comme chaque année, la fin de l'été a mis un grand coup de balai sur le monde et fait de cette place un îlot inhospitalier. Il n'y a guère que les mortes feuilles, que personne ne ramassera d'ailleurs, pour oser boucler des rondes aléatoires, selon les rafales. Certaines, chanceuses, s'accumuleront le long des murs d'enceinte. Elles trouveront ainsi le repos pendant que d'autres continueront à virevolter, farouchement éparpillées, désordonnées comme un manège mécanique détraqué. Les platanes ne seront bientôt plus que lugubres fantômes qui ne feront peur qu'à eux-mêmes. D'ailleurs, quelques-uns ont déjà commencé à se débarrasser de leur fine écorce grise. Elle tombe en lambeaux sur le sol et se mêle à la ronde des feuilles.

Je me suis toujours demandée comment ces colosses, des arbres de plus de quinze mètres de haut, pouvaient vivre et dominer le monde avec une peau aussi mince ? Des fragments de cette écorce restent encore accrochés à leurs corps comme si, quelque part, il y avait pudeur à se dévêtir entièrement. Accablés par les vents, ces centenaires ont une fois de plus résisté à l'envie de suivre les peintres sur le chemin de l'exode. Ce sont eux qui les premiers ont lâché prise. Ils ont nettoyé leurs pinceaux, plié leurs chevalets et refermé leurs mallettes en bois.

Puis les poètes en mal d'inspiration n'ont plus écrit. Le froid commençait à engourdir leurs belles paroles.

Ce n'est pas très combatif un poète, vaniteux comme un cerf en rut, mais pas téméraire. Leurs langues de vipère malodorantes se sont recroquevillées au plus profond de leurs gorges, telles des cloportes au fond d'un trou. Ils sont partis renouveler leur imaginaire vers d'autres contrées plus au sud, bon débarras !

Avec les températures automnales de par chez nous, leur petit monde défaille et plus rien ne tourne rond. Alors si l'un d'eux persistait à vouloir rester encore un peu en ces lieux, juste pour s'essayer aux poésies de l'hiver, je le verrais, c'est certain, partir en courant, vert de peur, juste avant qu'il ne se fasse dévorer par un loup blanc des steppes.

Les poètes adorent faire entrer un loup dans leurs récits.

Qu'il sera beau le jour du poète déchiqueté, je l'attends depuis tellement longtemps. Mais je ne perds pas espoir, j'espère bien l'entendre brailler de douleurs avant qu'il ne meure. Les prédateurs ne supportent pas longtemps la captivité, et encore moins d'être enfermés dans un recueil. Un loup reste un loup... même celui du poète.

Ce jour-là, je ne lèverai pas le petit doigt. J'encouragerai la bête à finir son repas, à lécher le sol pour qu'il ne reste rien de ce menteur en complet noir, de cet écrivain des profondeurs océanes qui n'a jamais vu la mer. Si elle, la bête est repue, alors j'irai moi-même sur le lieu du festin mettre de grands coups de langue. Puis, juste après, j'irai déposer un cierge en l'honneur du loup et de son très gros appétit. Devant la croix, je remercierai Dieu d'avoir pensé à créer ce genre de bestiole.

Peut-être que le loup ne sera pas tout à fait blanc, peut-être qu'il ne surgira pas d'entre mes pages, possible même qu'il ne sortira que sa gueule, mais le poète, lui, périra. Et moi, j'aurai pris plaisir à lécher son sang.

La fin des beaux jours a fait fuir aussi les ambulants. Ils se sont installés sous les marchés couverts, bien à l'abri.

La place a retrouvé son calme et les enfants leur territoire.

C'est sous les manteaux et sans grande conviction qu'ils ont repris l'école. Ils apprennent à conjuguer le verbe « aimer » à tous les temps, avec éloquence, et cela par tous les temps.

Leur maîtresse, Mademoiselle Massard, leur a assuré que c'est le verbe le plus beau de la langue française et le plus facile à accorder.

Bienheureuse cette demoiselle d'avoir une vision aussi idyllique d'un verbe aussi cruel. Bienheureuse, mais que de naïveté dans ses propos. Comment peut-elle enseigner toutes ces faussetés ? Il faudra qu'un jour je lui explique, avant qu'il ne soit trop tard pour elle, que ce verbe ne s'accorde ni en genre, ni en nombre, ni même en quoi que ce soit. Et même si, sans autre choix possible, un jour il le devait, il ne s'accordera sûrement jamais avec les hommes, puisque personne ne semble lui accorder la moindre importance.

Je sais, elle ne m'écoutera pas. Elle est jeune, belle et courtisée. Je suis vieille, inélégante et passe inaperçue. Elle enseigne, donc elle sait. Je fais le ménage et il y a tant de choses que j'ignore. Elle est vivante, je suis presque morte. Elle aime les gens et moi j'ai fini de rêver. Mais ce serait une erreur de croire que je la déteste, c'est même tout le contraire. Ce qui m'agace, c'est le reflet du miroir. Face à elle, j'affronte celle que je devais être avant, quand je marchais crédule dans un univers énigmatique et coloré.

Univers plus grand, plus beau, plus paisible et moins triste. Univers dans lequel certains se disaient messager des dieux quand les autres se voulaient créateurs expressifs.

Ils m'ont trompée.

Lorsqu'à mon tour, j'ai voulu déclamer de belles paroles et repeindre le monde à ma manière, les bras se sont ouverts, aussi largement qu'on puisse le faire. Lorsque j'ai prononcé le mot « Amour » ils se sont vite refermés pour ne pas qu'il se propage. Alors, je persiste et je signe, le verbe « Aimer » est certes le plus beau, encore faudrait-il en connaître parfaitement l'anatomie.

Signer de mon nom le bas d'un tableau, voilà ce dont je rêvais. J'en rêvais, je l'ai fait. Des tableaux signés Gisèle Darnault, j'en ai plein mon grenier. Fixer les uns aux autres, ils font de très bons casiers pour le linge sale.

Mademoiselle Massard laissera son nom sur le tableau noir qu'elle aura fièrement et joliment écrit à la craie. Elle laissera aussi son empreinte dans la mémoire de tous ces enfants à qui elle veut faire croire qu'il est facile de conjuguer le verbe « Aimer ».

Qu'elles soient vérité ou mensonge, on n'oublie jamais les paroles d'une maîtresse d'école, jamais.

Voilà ce qui m'agace. Mais non, je ne la déteste pas. À travers elle, c'est moi que je méprise.

De l'école, je n'ai retenu que très peu de chose. Il faut dire que je n'avais pas trop le temps de m'y rendre. Avec toutes les corvées que ma mère me donnait à faire, mes journées étaient plus que bien remplies. Bien sûr, j'ai appris à lire et à écrire. À compter même ! Je sais qui est Jules César, Napoléon Bonaparte et Richelieu. Je suis contente de savoir que Charlemagne a été couronné Empereur en l'an 800 et que Saint-Louis rendait la justice sous un chêne. Bien sûr que tout cela je m'en souviens. Bien sûr que je me rappelle de tous ces Grands Hommes qui ont fait l'Histoire puisque par obligation, j'apprenais mes leçons par cœur. Par cœur, oui, mais pas de gaîté de cœur, juste pour éviter les punitions et les coups de règle sur les doigts. Les instituteurs n'imaginent pas à quel point ça fait mal les coups de règle sur les doigts. Ça fait mal... jusque dans la tête.

– Gisèle! au tableau. Combien font 36 que multiplie 4? Et tâche de ne pas te tromper cette fois!

Mais la petite Gisèle, dans sa blouse grise, craie en main, sait déjà qu'elle n'y arrivera pas. Le résultat, si toutefois elle en trouve un, ne sera pas le bon, elle le sait, même elle en est sûre. Ses petits camarades vont encore se moquer d'elle en la montrant du doigt.

Puis il y en a un, toujours le même, qui va crier: *Gisèle Darnault, tête d'asticot*! Et tous les autres reprendront en chœur: *Gisèle Darnault, cervelle de moineau!*

C'est ainsi que ça va se passer! C'est évident, parce que c'est comme ça tout le temps! Tout ça, elle le sait.

Elle va s'approcher doucement de ce gigantesque tableau noir, mais face à lui, elle se sent si petite, comme écrasée. Ce tableau est un monstre, un monstre effrayant, avec ses deux rabats sur les côtés. C'est lui qui la terrorise.

Elle croit qu'un jour, il va refermer ses deux grandes oreilles sur elle, parce qu'il crisse de douleur chaque fois qu'elle lui écrit dessus. Alors elle perd ses moyens, tout s'embrouille et plus rien ne vient ni ne va. Ce n'est pas une mauvaise élève, c'est même tout le contraire. À la maison elle aurait fini l'opération depuis bien longtemps déjà, mais là, face au monstre, c'est autre chose!

– Alors Mademoiselle Darnault! Vous attendez le dégel ou quoi? Vous espérez peut-être que l'on vous apporte le résultat sur un plateau?

Le geste est léger, mais méfiant. Elle écrit sur le ventre de l'animal avec une infinie douceur. Surtout!... Oh oui!... surtout, ne pas... le réveiller... Toute en délicatesse, elle pose l'opération demandée: 36 X 4. Pour l'instant tout se passe bien. 4 fois 6??? 26! Euh non, 24, je pose 4 et je retiens... Mais déjà la bête sort de sa léthargie et pousse un cri, petit mais strident. Dans l'affolement, même la craie se casse. Alors elle pose 4 et elle retient… sa respiration !

– Gisèle Darnault, tête d'asticot !… Parce que c'est comme ça tout le temps.

Elle ne trouvera pas la réponse à ce douloureux problème !

Mais malgré cela, j'aimais bien l'école, je crois que c'est elle qui ne m'aimait pas. J'étais sans doute un peu trop rêveuse pour elle, toujours perdue dans mes pensées…

Amoureuse ?

Oui, je l'étais. Amoureuse des livres, de l'odeur des livres. Amoureuse des mots, de la démarche des mots, des auteurs et de leurs récits. Écrits qui me transportaient loin, très loin d'ici… C'est vrai que j'étais rêveuse, quand j'y repense.

La fenêtre était devenue ma meilleure amie. Mes yeux la traversaient chaque fois que c'était possible. Pour moi, c'était vital de savoir ce qui se passait au-dehors, surtout les jours de grand beau temps.

C'est de cette fenêtre, d'ailleurs, que j'ai vu Pierre Devanel pour la première fois. Il traversait la place, chargé comme un âne, tout plié sous le poids de son barda.

Chemise blanche à demi ouverte, manches remontées de moitié. Les taches de couleur qu'elle véhiculait, ne laissaient aucun doute sur son activité. Pantalon plissé comme un éventail, d'un bleu pâle de même tonalité que celle du ciel. Des chaussures de toile ajourée beige.

Le grand chevalet de bois qu'il transportait sur son dos, l'empêchait de se tenir droit et sa démarche me faisait penser à une roue de vélo voilée, tantôt à droite, tantôt à gauche. Dans chaque main, une mallette. Sur une épaule, un sac haricot pendait en bandoulière. Sous l'autre, une sacoche de cuir, morte de fatigue, menaçait de se jeter dans le vide à tout instant. Il s'arrêta un moment, rééquilibra sa charge, cracha son mégot qui devait lui brûler les lèvres, puis reprit son chemin. Quand il eut passé l'angle de la fenêtre, j'ai demandé :

– Monsieur Guérard, est-ce que je peux ouvrir la fenêtre ? J'ai vraiment trop chaud !

Le maître accepta et je fis un maximum de bruit pour attirer l'attention du peintre. Gagné ! Il s'arrêta net et tourna la tête vers moi.

– T'en fais un sacré boucan ! me dit-il avec un grand sourire, elle est si dure que ça cette fenêtre ?

– Non, c'est juste que, heu, comment dire… j'ai perdu un peu l'équilibre.

– Perdu l'équilibre ! Est-ce que je perds mon équilibre, moi ? Même chargé comme je le suis, je pourrais marcher sur un fil ! Tiens, regarde si tu ne me crois pas !

Et tout en sifflotant la grande parade du cirque, il se mit à sautiller gaiement, d'un pied sur l'autre, faisant mine d'avancer sur un invisible fil.

Le menton bien tendu, les yeux perdus droits devant, les bras bien écartés sur les côtés pour faire balancier, mais toujours le dos voûté. Le peintre funambule fit comme ça quelques mètres. Il entrecoupa cette distance par quelques faux déséquilibres, puis revint sur ses pas en criant :

- Attention, maintenant le clou du spectacle ! Roulement de tambour !

Un petit pas chassé, puis un deuxième.

J'avais quatorze ans, et je dois avouer que pendant quelques instants, j'y ai cru. J'ai vu le fil. Le fil, tendu comme la corde d'un arc. Le fil, que Monsieur le peintre-clown faisait fléchir sous son poids.

C'est au troisième petit pas chassé que ça s'est gâté. Le pas de trop sans doute ! La mallette que serrait sa main droite fut la première à s'ouvrir. Elle déversa son contenu sur le sol.

L'homme, d'abord hébété, d'un coup sec s'agenouilla pour rassembler ses petits tubes de peinture éparpillés à ses pieds. Tournant la tête à nouveau vers moi, il mit la main sur son front et attrista sa voix.

– Mince, le fil s'est cassé ! en me montrant les deux bouts de celuici. C'est dommage, juste au moment où j'allais faire une pirouette.

Il se remit debout, et je crois que c'est volontairement qu'il écrasa de son talon un de ses petits tubes. Dans un bruit suspect, le tube cracha ses rouges entrailles à même le sol, et je ne sais pas si c'est le peintre, le funambule ou bien le clown qui me fit le plus rire. Mais l'un des trois, assistant à l'agonie du pauvre tube s'est écrié :

– Oh, celui-là n'est pas mort, je l'ai entendu péter !

Me laissant emporter dans sa joie de vivre, puis dans son hilarité, je perdis vraiment mon équilibre.

– Gisèle et Salomé, regagnez vos places ! hurla le maître.

Salomé, ma voisine de table, retourna s'asseoir dans la seconde. Moi, il me fallut plus de temps. Prise d'un fou rire, j'étais cramponnée au rebord de la fenêtre et bien décidée à ne pas lâcher prise.

– Gisèle ! Retourne t'asseoir ou bien c'est moi qui viens te chercher ! vociféra de nouveau le maître en brandissant sa longue règle de bois, comme un conquistador son épée.

Là, il valait mieux obéir avant qu'il ne mette sa menace à exécution, ce fou furieux était capable de tout. C'est donc à regret que je jetais un dernier coup d'œil au-dehors.

Pierre secoua la main d'avant en arrière comme pour me faire reculer, puis il accrocha des sourires à ses mots. Il me les lança :

– Il y a un temps pour rire, et un temps pour apprendre. Allez, retourne vite t'asseoir, tu vas finir par vraiment te faire disputer.

Je crois que dès cet instant, j'ai eu envie de l'aimer.

Depuis mes quinze ans, le village s'est quelque peu étendu. De nouvelles bâtisses sont apparues, sorties de terre, d'un coup. Elles ont poussé tels des ceps aux pieds des chênes, par groupes de deux ou trois. Mais quelquefois solitaires, pour le plaisir des yeux, face à la colline éclairée. Éclairée, parce qu'une fois par an, pendant quatre jours, il s'y passe des choses étranges.

Dès le quinze octobre vers dix heures, quand le soleil disperse ses rayons en girandoles timides sur la cime des arbres, le spectacle commence. Petit à petit, descendent alors jusqu'au sol une multitude de particules scintillantes, telle une armée de lucioles en plein jour. Et plus l'astre monte, plus il y a de particules. Vers quatorze heures, elles se transforment en de minuscules gouttelettes qui ruissellent le long des troncs. Le sombre du sous-bois devient alors plus clair, de plus en plus clair. Et vers seize heures, c'est la colline tout entière que l'on croirait lumière, comme éclairée de l'intérieur. Comme si feuilles et ramures s'étaient agenouillées au passage du Seigneur.

« *Que Votre Altesse lumineuse pénètre en ces lieux et éclaire le monde* », avait lancé un jour un homme que j'avais croisé sur un des nombreux sentiers qui la traversent. Encore un illuminé sans doute ! Un de ceux qui pour vous impressionner vous martèlent le crâne de mots plus jolis les uns que les autres, lesquels mis bout à bout forment de bien belles phrases. Oui, de bien belles phrases. Seulement voilà, incompréhensibles parce que bien trop énigmatiques pour nos petites têtes. Ce genre de personnage, que j'ai bien connu, devient vite irritant par leurs manières de faire et je comprends tout à fait que l'on puisse se sentir agressé en les écoutant. Leurs belles paroles n'ont qu'un seul et unique but, nous écraser sous le poids de leur présumée supériorité. Mais comment s'en débarrasser, comment les faire taire ? On ne peut tout de même pas leur couper la langue ! Le mieux est encore de les laisser parler et rire sournoisement de leur… Hégémonie !

On dit que celui qui s'endort sur la colline ces jours d'octobre, verra tous ses rêves se réaliser et sera doté d'un don. En toute honnêteté, j'en doute. Je n'ai jamais cru aux superstitions. Qu'elles soient bonnes ou mauvaises, ce sont des fables pour les simples d'esprit.

Avoir un fer à cheval dans sa poche n'a jamais apporté ni richesse, ni chance. C'est surtout lourd et encombrant. Briser un miroir, quoi qu'on en dise, n'apporte pas sept ans de malheur. Il faut prendre garde à ne pas se couper un doigt en ramassant les morceaux et tout se passera bien.

Et puis à bien y réfléchir, le malheur n'a nul besoin d'un miroir brisé pour s'abattre en pluie torrentielle sur le monde. C'est seul que le malheur fait son travail, avec passion et assiduité. Il s'active jour et nuit pour que son ouvrage soit impeccablement fait. Avouons quand même qu'il s'y prend bien, on ne pourrait pas faire mieux !

Faire une croix sur le pain, ne pas le mettre sur le dos, prétexter que ce n'est pas ainsi qu'il se gagne, frise le ridicule.

Ridicule ! Voilà le mot que je cherchais. Ri-di-cule. Il était le préféré de Gaby, elle le sortait chaque fois qu'elle le pouvait.

Gaby ! Brun ! C'est brun qu'elle avait le regard.

Alors mon ciel à jamais sera brun.

J'étais belle

Je pourrai revenir vous voir? avais-je demandé à Pierre.

– Oui si tu veux, avec plaisir, m'avait-il répondu, accompagné de son large sourire.

Je crois maintenant qu'il avait raison, le sourire est la clé. Il ouvre tout ce qui est clos et permet de pénétrer sans effort dans le cœur des gens. C'est ce sourire qui en lui m'a donné confiance et j'avoue sans la moindre honte que ce jour-là, ce n'est pas un peintre que j'ai vu en lui, mais un père.

Le père que depuis longtemps je cherchais.

Attentionné, large d'esprit et rieur, autant artiste dans sa tête que dans ses mains. Un père pouvant me porter sur ses épaules jusqu'aux frontières de tout ce que je ne comprenais pas, là où on ne peut plus discerner le vrai du faux, tellement les histoires qu'il raconte sont belles. Un papa, aimant et souriant.

Le mien était taillé dans un morceau de bois vermoulu, sans même l'ébauche d'un rictus, sans amour et sans idée sur tout, pauvre en cœur, une soif intarissable au fond de la gorge, allant d'ivresse en ivresse, toujours seul. Un homme dénaturé, inutile, invisible et sans âme. J'avais trouvé en Pierre un autre père, et mon père, l'inutile, il pouvait bien maintenant se changer en pierre, cela m'était égal.

C'est dans cet état d'esprit que le lendemain, pour plaire au peintre Devanel, je mis une jolie robe à fleurs. Et pour rendre mon regard plus profond, je m'étais confectionnée un produit de maquillage très artisanal à l'aide d'un petit morceau de charbon réduit en poudre, mélangé à de la cire d'abeille. D'un pinceau très, fin je fis un trait sur mes yeux et un léger nuage sur mes paupières, en espérant que cette journée ne soit pas trop chaude. Je n'aurais pas aimé me transformer en petit ramoneur, du noir plein le visage.

J'avais passé la nuit entière devant mon miroir à apprendre à sourire, des centaines de sourires, plus affreux les uns que les autres. Les premiers étaient grimaçants, les suivants bêtifiants, ceux d'après hypocrites et naïfs. C'est seulement en milieu de matinée que j'ai trouvé celui qui m'allait le mieux. Je me suis enfin trouvée belle.

Alors j'ai dénoué cette satanée queue-de-cheval amarrée à mon crâne depuis la nuit des temps. Elle me donnait un air stupide et puéril.

Oui ! Je dis bien la nuit des temps. Parce que pour certaines jeunes filles, avoir quinze ans équivaut parfois à des siècles pour chaque année de vie déjà passée. Des millénaires pour une décennie. Comme le temps paraît long quand on a quinze ans. C'est la période où l'enfance s'automutile chaque jour un peu plus et on vit ses heures comme un fardeau. On rit d'un rien, on s'ennuie de tout et partout, on pleure, on ne sait même pas pourquoi. L'humeur oscille sans cesse entre la pluie et le beau temps.

La femme qui est en nous, s'éveille doucement. Elle s'étire en silence, mais trouvant son logis encore trop étroit, se rendort à nouveau, estimant qu'il est beaucoup trop tôt pour se mouvoir. On ne se plaît pas, on s'ennuie de plus belle. Même entourée, on se sent seule. On voudrait bien faire semblant d'être heureuse, mais le cœur n'y est pas. Alors quand sur nos joues ruissellent de fausses larmes, elles ressemblent plus à une ondée qu'à un orage, mais la peine est bien réelle. Un duel sans merci se joue dans ce petit corps. La jeune fille voudrait vivre encore un peu, tandis que la jeune femme voudrait la voir morte, c'est ainsi.

Oui, c'est ainsi que je dénouai ma queue-de-cheval, et pendant de longues minutes, presque un, à un je démêlai mes cheveux. Ils m'arrivaient plus bas que le milieu du dos, cela me prit vraiment beaucoup de temps.

M'occuper de moi, chercher à embellir l'image que me renvoyait mon miroir est un souvenir inoubliable et devant lui, devenir une petite femme eut été un plaisir. Ce n'est que quand j'eus fini de lisser ma chevelure que j'ai su. J'ai su que j'étais prête. Prête à séduire mon nouveau père, prête à aimer les gens. Parée pour affronter cette nouvelle vie avec confiance et détermination. Pierre allait être ébloui par la qualité et la rapidité de mon travail. J'avais tant de sourires en moi que je ne touchais plus terre. Ils me portaient juste à dix centimètres au-dessus. Je les transpirais par tous les pores de ma peau. Aussi légère qu'une plume, le simple courant d'air d'une porte entrouverte aurait pu me faire avancer.

Je devais être ri-di-cule, pourtant Pierre ne me fit que des compliments.

Personne à droite, à gauche rien à signaler. Prudente tout de même, je quittai ma chambre, mes souliers à la main et descendis l'escalier sur la pointe des pieds. Un chat aurait sans doute fait plus de bruit. Je redoutais d'y croiser mon frère, ou pire encore, ma mère, parce que dans un escalier, pas d'échappatoire. Il y a le haut, il y a le bas, rien d'autre.

Fardée comme je l'étais, aurait été à coup sûr un prétexte à se moquer de moi. Je serais devenue rouge pivoine, honteuse à transporter autant de sourires dans mon petit corps pour un homme de plus de trois fois mon âge. Parce que bien sûr, je n'aurais pas pu et pas su lui expliquer les raisons d'une telle métamorphose.

Avec son manque de délicatesse habituelle, elle m'aurait ordonné de nettoyer mes yeux, puis m'aurait sûrement trouvé quelque chose à faire pour que je reste sagement à la maison.

Je ralentis donc ma descente pour ne pas que craquent les marches de bois. À mi-hauteur, une hésitation, je ralentis mon pas de nouveau.

Devant moi, la porte. Derrière elle, un monde tout en couleurs, Pierre et ses pinceaux. La main sur la poignée, prête à sortir, un doute : *Et si c'était lui qui se moquait de moi !* Après tout, son envie de me rencontrer de nouveau n'était peut-être pas aussi forte que mes propres désirs à me glisser dans sa vie. Peut-être n'avait-il pas l'intention de l'encombrer par des caprices de petite fille ?

Et si, au lieu d'être belle, j'étais toute en laideur ! Si je m'étais fait les deux yeux d'un crapaud posés sur une tête de pintade. Et si me voir l'épouvantait, j'aurais l'air malin. Bon ! Je mettrai ma beauté à l'épreuve un peu plus tard. Renonçant à mes rêves, je lâchai donc la poignée et fis demi-tour, prête à remonter les marches quatre à quatre.

Trop tard ! Le balai de ma mère attaquait sans pitié la poussière du haut du palier et coupa net mon élan.

« Piégée ! » me dis-je tout bas. Affronter son regard et ses remarques désagréables, ou reprendre confiance et sortir. Sortir fut encore l'issue qui me fit la moins peur.

Et hop ! me voilà dehors.

C'est dimanche, jour de marché. Aux effluves des roses florissantes viennent se mêler les senteurs épicées des étals exotiques.

Attirés par toutes ces fragrances, hommes, femmes et enfants sont venus piétiner la terre battue de la place. Les uns derrière les autres comme des chenilles processionnaires, ils avancent. Si l'un d'eux s'arrête, alors c'est le cortège tout entier qui ancre ses pas dans la poussière. Serrés comme des anchois dans un bocal, ils macèrent dans leur propre jus. Seules les têtes n'ont pas d'entrave. Ainsi les yeux font une expertise rapide et discrète des salades et autres légumes qui sont à leur portée. Les bouches s'entrouvrent, les lèvres s'animent. Un clapotis de mots vient masquer sans effort le chuintement de la fontaine. S'ensuivent alors des phrases lancées en tous sens ; elles s'entrechoquent et s'écrasent contre les porcs éventrés, suspendus tête en bas sur les crochets des bouchers. Et ça parle fort, de plus en plus fort. Ça marchande et ça négocie: *Combien? Trop cher! Alors le deuxième à moitié prix. Eh bien, c'est d'accord, mettez-en six.*

Et la charcutière de crier de plus belle: *Allez, allez! On fait des affaires aujourd'hui, profitons-en!* Puis d'une voix de corbeau malade, elle vocalise sur un air d'opéra, vantant la qualité de ses tripes, de ses saucissons maison plus durs que celui de son mari, du boudin aux oignons et de sa saucisse pimentée à décorner un bœuf.

Finalement, c'est dans un brouhaha le plus total que, difficilement, les mains sortent des poches, paient et se serrent entre elles. Entre les doigts, les moustaches se roulent façon guidon de vélo, les casquettes se replacent sur les crânes dégarnis, légèrement décalées sur le côté. Puis le cortège reprend sa lente ascension vers le bonheur, considérant que le repas de midi est bien plus important que de gagner trois sous.

Et moi, dans ma belle robe à fleurs, j'hésite. J'hésite à prendre place à bord de ce gigantesque mille-pattes, mais je n'ai pas d'autre choix. Pierre est à l'opposé, côté tête, j'ai donc tout le corps de la bête à remonter. Mais je pense que cela me sera facile, j'ai retrouvé ma confiance, les sourires me portent, je suis belle.

Moi qui d'habitude ai une sainte horreur de la foule et du bruit, aujourd'hui je m'y sens bien. On me bouscule, on me presse, on me marche sur les pieds.

Même pas mal!

Poussée par une vieille femme, je vais à droite. Je titube et à cloche-pied, je remets ma chaussure, puis je bascule à gauche. J'ai chaud, j'aimerais bien m'arrêter un instant. Impossible! Me voilà devenue anchois à mon tour. J'ai une envie irrésistible de rire. Chancelante, je tressaute, je me sens bien…

C'est peut-être ce que ressentait mon père dans ses ivresses quotidiennes, quand il braillait à qui voulait l'entendre que l'alcool faisait de lui un prince. Moi, ce matin-là, je me sentais devenir reine.

D'ailleurs, j'étais une reine, euphorique peut-être, mais adulée de tous.

« *Laissez passer Gisèle 1re et prenez garde à mes foudres ! Écartez-vous ! Petits sujets de ce marché. Écartez-vous, vous dis-je ou je vous fais jeter en prison ! Qui a osé me bousculer à nouveau ? Qui ! Ah ! c'est vous, madame Grégoire, ça ne m'étonne pas. Garde ! Arrêtez cette femme. Qu'on la pende à l'aube et qu'on n'en parle plus !* »

Détrônée d'un coup d'épaule, je repars en oubliant ma couronne. Ma langue est chargée de poussière, j'ai soif. « *Qu'on apporte à boire à la souveraine déchue, deux louis d'or pour celui qui !* Mais personne ne vient abréger ma souffrance. Tant pis, mon pouvoir n'aura été que de courte durée. *C'est le désordre, tant mieux ! Une conspiration ? Très bien, alors j'interdis à quiconque de me regarder en face, je veux que ce soit Pierre qui le premier me voit belle. Lui et lui seul.* »

Ballottée de tous côtés, je perds patience. J'en ai marre et je ne trouve plus ça drôle. Je suis trop serrée. Je transpire comme une limace en plein soleil, j'étouffe !

L'odeur du poireau s'est accrochée à moi et ne me lâche pas. Des relents de poisson pas frais naviguent à ma portée, et mon imaginaire donne naissance à un drôle d'animal « le poisson-poireau. » Je souris. Je devine la tête du pêcheur sortant ce truc de l'eau.

Oh, là, là, j'ai des nausées, je crois que je vais vomir sur la chemise à carreaux de celui qui me devance. Je m'en fiche, il est gros, il est laid, il pue et il prend beaucoup trop de place. J'ai envie de le tuer, mais je me retiens, je ne saurais pas quoi faire de sa carcasse. Alors moins cruelle, je le pousse d'un grand coup d'épaule dans le dos.

Bien fait ! Tel est son châtiment.

Il se retourne et me regarde méchamment, il n'a pas l'air commode. Innocente comme Marie la Sainte Vierge, je baisse les yeux et sifflote en réajustant ma robe, ma belle robe à fleurs.

– Alors quoi, ça va pas bien, non ? Tu pourrais faire attention ! Et ne t'excuse pas surtout ! me crie si fort le gros qu'il en fait trembler son double menton.

Je ne réponds pas mais maintenant c'est confirmé, il sent vraiment mauvais. Et quand il ouvre la bouche, c'est pire. J'ose à peine respirer tellement son haleine me dégoûte. C'est fou comme les gens puent. Je voudrais leur donner des baffes à tous pour oser sortir ainsi. Je crois que je ne suis pas encore prête à les aimer. Long sera le chemin avant que je puisse le faire.

Le gros s'empare de quelques pêches, les presse, les renifle, les examine sous tous les angles, puis sans précaution les repose. Quelques cerises moins chanceuses sont envoyées encore vivantes illico presto au fond de son ventre. Les noyaux sont recrachés au creux de sa main, puis jetés à terre sans pitié.

La main encore rougie du sang des bigarreaux saisit maintenant une poignée d'abricots qu'elle donne à peser. La crasse entre ses gros doigts potelés me répugne. Je crois que plus jamais je ne mangerai de fruits. Mon Dieu, comment peut-on être aussi sale ? Supprimez-le donc sur-le-champ !

Je n'en peux plus. Je vais m'effondrer et mourir piétinée par la foule. Si tel était le cas, dites à ma mère que je…

Ah ! Ça y est, j'aperçois enfin les chevalets de Maître Pierre, je suis sauvée, mais il s'en est fallu de peu ! Merci, Seigneur, c'est un miracle.

Un chien saltimbanque me suit jusqu'à lui et je n'ai perdu aucun de mes sourires, enfin je crois.

– Bonjour, Pierre ! dis-je d'une voix timide.

De dos, sur son tabouret assis, les yeux rivés sur sa toile, il semble être ailleurs, hors du temps. Je sais qu'il m'a entendue, pourtant rien ne le détache de cette jeune fille qu'il vient de peindre au couteau. Une jeune fille qu'un soleil écartèle dans sa robe blanche à demi transparente. Placée derrière lui, j'observe attentivement la toile.

Bon ! Pas de doute, c'est bien moi, une main dans les cheveux, l'autre sur la poitrine. Oui, c'est moi que l'astre dévore. Le bas de ma robe est en feu et mes pieds sont des racines entremêlées, mes cheveux les rejoignent. Ils fusionnent jusque dans la poussière, puis sortent du tableau. En bas à gauche, un chat. Un loup à droite le guette, prêt à bondir, la langue pendante comme si… comme si… Oh oui c'est ça, comme s'il voulait le dévorer.

Il y a une telle expression dans le regard de l'animal assassin qu'il en est dérangeant. Cet égorgeur de troupeau n'est vraiment pas à sa place ici, sa présence me fait froid dans le dos. Ce tableau est raté…

Sans se retourner, Pierre daigne enfin me répondre.

– Bonjour, petite, je savais qu'aujourd'hui tu viendrais. Comment vas-tu depuis hier ? Toujours envie d'aimer les gens ?

– Plus que jamais ! dis-je d'une voix explosive. Mais pourquoi ce loup à l'affût ?

Pierre hésite un instant, puis reprend :

– Il ne te plaît pas ?

– Non, il me fait peur.

Il ne faut pas plus de quelques secondes pour que la bête agonise et disparaisse sous quatre coups de pinceau.

– Voilà, il est parti. Tu n'as plus rien à craindre. Mais tu sais, ce n'était pas un loup.

Étonnée, je demande :

– Ce n'était pas un loup ! Alors qu'est-ce que c'était ?

– Autre chose, c'était autre chose. Mais ce n'est pas grave parce que tu as raison, quoi que ça puisse être, il n'avait pas sa place ici.

Et Pierre, vers moi se tourne enfin.

Toujours assis, ne voit que mes pieds. Puis son regard progresse et rampe lentement le long de ma robe, s'arrête un instant à hauteur de mon ventre, remonte encore un peu, passe sur mon cou et s'attarde sur mes lèvres. Il évite mes yeux, puis redescend. Me sentir ainsi détaillée me trouble, c'est évident.

Ce n'est pourtant pas le premier à se servir de mon corps pour user quelque peu ses yeux mais jamais personne ne l'a fait avec autant de lenteur. Je me sens comme doucement effeuillée. Une à une, tombent au sol les fleurs de ma jolie robe. Maintenant je comprends ce qu'il fait, il me déshabille du regard, et ma robe, il l'a déjà ôtée, j'en suis sûre.

J'éprouve une étrange sensation, comme un frisson qui me parcourt le corps de bas en haut. Je le perçois partout où les yeux de Pierre se posent. Quelque chose en moi s'affole. Quelque chose qui fait que mon cœur s'impatiente. Quelque chose qui fait que ma respiration se hâte et que je ne peux m'expliquer. Je me sentais belle, eh bien, Pierre me le confirme. J'oscille entre le désir de le laisser continuer à m'éplucher comme un fruit pas assez mûr ou bien cacher sa vue de mes mains pour que tout s'arrête. Lui dire qu'il a omis de signer sa toile serait peut-être la solution, où n'importe quoi d'autre parce que la chaleur qui atteint maintenant mes joues me gêne. Parler, trouver un prétexte pour que cessent ces agréables sensations. Mais je ne dis pas un mot, rien en moi ne bouge, j'attends. J'attends que ses yeux s'accrochent aux miens pour que je puisse y lire la qualité de mon travail. J'espère vraiment que celui que j'ai choisi comme père va se perdre, mais dans mes sourires cette fois.

Pierre pose ses mains sur ses genoux, puis se lève en disant :

– Bon ! Je suppose que tu es venue chercher la suite de la leçon d'hier ? Alors continuons.

Il place son visage à hauteur du mien. J'en profite, c'est maintenant ou jamais.

Je laisse éclater mes sourires, tous mes sourires. Ils partent en tous sens, en gerbes folles. Mes jambes comme deux brindilles de coton effilé flageolent et fléchissent légèrement. J'appréhende, je frémis. Je suis devenue sourde au tumulte qui m'entoure et je ne vois personne d'autre que lui.

Disparu ! ce long cortège d'âmes errantes.

Envolés ! tous ces enfants assis au bord de la fontaine.

Éclipsés ! les faux amis jouant aux cartes en terrasse.

Embrumés ! la buvette et les assoiffés.

Je me demande si je ne vais pas disparaître à mon tour tellement j'ai honte...

Ce moment est encore très présent en moi et je me souviens très bien de ce que j'ai pensé à cet instant précis. « *Oh Pierre, je vous en prie, dites quelque chose ou je vais m'effondrer. Ne me laissez pas jouer à celle que je ne suis pas.* »

Ses yeux étonnés noyés dans mes yeux peints, il prit son temps. Et quand de sa main, il replaça une mèche de mes cheveux vers l'arrière, j'ai su que j'avais gagné. Gagné son estime, gagné le droit d'aimer les gens et peut-être même acquis la moitié d'un nouveau père.

Il recula d'un pas, son sourire le suivit.

Immobile, je rayonnais. Il s'assied, je repris confiance. Et s'il n'eut pas parlé, cela n'eut rien changé, j'avais gagné et j'étais fière de moi. Cela me suffisait.

– Bravo, petite Gisèle, tu es resplendissante. Un tel visage mérite d'être immortalisé !

Il ouvre une sacoche de cuir, sort une toile et la pose sur un chevalet.

– Veux-tu me servir de modèle pour un instant ? me demande-t-il d'une voix teintée de convoitise.

D'abord étonnée, je laisse à ma réflexion quelques secondes avant de répondre :

– Oui, je veux bien, mais je ne sais pas si je pourrais tenir longtemps sans bouger.

N'ayant pas attendu la fin de ma phrase, il avait déjà ouvert une autre sacoche, tiré une petite couverture de laine et l'avait déroulée à même le sol.

D'un geste léger, plein de grâce, Pierre Devanel, artiste peintre, signe d'une révérence puis me prend la main et m'invite à m'asseoir sur ce petit tapis de douceur. Il dit :

– Il ne faudrait pas salir cette jolie robe, jeune demoiselle. Laissez-moi vous offrir ce modeste paradis de laine.

Je marque ma déférence, en le saluant bien bas :

– Oh, Merci, Monsieur Devanel, je l'accepte volontiers !

Face à mon Roi-Soleil, je m'installe.

Assise, je prends mes aises, j'étire mes jambes, puis mes bras. D'un geste noble, je pose une main sur ma cuisse et rehausse doucement le menton. Pierre, d'un mouvement paisible et précis réajuste mon visage, légèrement sur le côté, décale un peu mon menton de l'axe de mon corps et me demande de choisir un point droit devant moi.

– La fontaine fera-t-elle l'affaire ?

– Absolument ! Fixe-la de telle sorte que plus rien jamais ne pourra t'on détacher.

J'acquiesce par un mouvement de la tête.

– Tu dois devenir à la fois la solidité du granit, la force et la pureté de l'eau.

Je veux la voir jaillir de ton regard ! me dit-il en projetant avec vigueur ses deux bras devant lui.

– Mais je ne pourrais jamais faire cela, c'est impossible !

– Alors, fais l'impossible !

J'insiste.

– Je n'y arriverai pas !

– Débrouille-toi ! Fais-la venir à toi cette fontaine, appelle-la ou bien va-la chercher. Tu peux le faire, j'en suis certain. Mais ne la laisse surtout pas noyer tes superbes sourires, me dit-il en reprenant sa place.

Alors je respire profondément, une fois, deux fois, je souffle et je recommence. Tout en faisant le vide dans ma tête, je m'imagine remontant la source et je me laisse inonder par sa fraîcheur, mais j'ai du mal à faire abstraction du tumulte qui m'entoure.

Mes yeux se promènent encore de droite et de gauche, j'écoute et je pense. Des dizaines de mots font la ronde tout autour de moi, dansent comme la flamme d'une chandelle, se coupent en deux puis s'éteignent. L'air est chaud. Je pense à ma mère et je sais que je ne devrais pas, elle va encore tout détruire. N'empêche, la tête qu'elle ferait si elle me voyait assise là, par terre, au milieu de la foule. Elle me crierait encore des méchancetés en m'écrasant de son regard. Et voilà, j'en étais sûre ! Déjà je l'entends « *Pauvre fille, tu n'as rien de mieux à faire que de te donner en spectacle devant ce fanatique du pinceau ? Et puis d'abord relève-toi, seuls les mendiants sont assis par terre. Allez, debout et rentre à la maison, il y a des patates à éplucher !* »

Pauvre maman, elle ne comprend rien à rien, elle me fatigue. Parfois, je la voudrais muette, aveugle et impotente, alitée et presque morte pour qu'elle me fiche la paix. Et puis d'abord, pourquoi presque ?...

Je ferme les paupières quelques instants et comme un trait de crayon sous une impitoyable gomme, ma mère s'estompe, puis disparaît. Bon débarras !

– Je vois déjà tes yeux qui s'épuisent. Allez reprends-toi, me dit gentiment mon portraitiste.

Bon, cette fois je ne laisserai plus personne m'envahir. Je vais compter jusqu'à trois et quoi qu'il arrive, je ne quitterai plus des yeux cette satanée fontaine.

Un, je respire.

Deux, je souffle.

Deux et demi, je suis prête...

Trois ! Je la prends d'assaut, elle se débat. Je l'assiège, elle pleure, elle résiste, je glisse. Téméraire, je remonte et je cherche un endroit où accrocher mes yeux.

Les joints de ses pierres ? Non, un vrai labyrinthe, je finirais par m'y perdre, trouvons autre chose.

La grappe de raisin en fer forgé qui la surplombe ? Non, trop haute, je ne verrai que le bleu du ciel et rien d'autre.

Le petit ange placé au milieu du bassin ? C'est de sa bouche que coule l'eau.

Oui c'est ça ! la bouche du petit ange, voilà une prise idéale pour ne pas glisser. C'est donc à elle que je vais m'agripper. Ça y est.

Maintenant j'en suis sûre, plus rien ne pourra m'en déloger. Quand cette fontaine en aura assez de m'avoir sur le dos, elle finira bien par se rendre.

C'est drôle, je pensais la connaître aussi bien que moi-même, j'y ai bu des centaines de fois, je m'y suis lavé les mains et fais la ronde en chantant, je m'y suis rafraîchie et même quelquefois baignée, et je n'ai jamais remarqué que cet ange ne possède qu'une aile.

À présent, il peut crier, pleurer, taper des pieds, ce n'est pas moi qui céderai la première. Et s'il veut s'enfuir, je le laisserai faire, avec une aile il n'ira pas bien loin de toute façon.

J'ai chassé tout le monde de mes pensées et répudié tous ceux qui voulaient y entrer. C'est sur un immense désert que je me promène maintenant. Un désert de dunes cristallines composées de milliards de gouttes d'eau. Elles ruissellent en moi comme le sang dans mes veines. Tout mon être s'endort doucement et je m'imagine dérivant sur un frêle esquif. La voix douce et apaisante du peintre gonfle ma voile et me fait avancer. Elle est mon unique repère. Elle seule sait où je dois accoster. J'ai confiance.

– Tu deviens de plus en plus belle, petite Gisèle, alors ne laisse personne interrompre ce voyage.

Mais comment fait-il pour toujours trouver les mots justes ?

Belle est précisément celui que je voulais entendre. Belle, je suis de plus en plus belle. Je le sais, je le ressens au plus profond de moi, et cela va croissant à chaque minute qui passe. Je ne comprends pas trop la mécanique d'une telle métamorphose, mais je trouve cela facile. En me laissant porter par les flots jaillissant de la bouche de l'ange, je suis prête à aller très loin, prête à faire le tour de la terre.

Je me sens incroyablement bien. J'ai juste un peu de mal à ne pas cligner des yeux et à garder tous mes sourires en place. Le soleil que toute cette eau ingère, est restitué sous forme de particules éblouissantes, comme les mille feux de dix diamants et le petit ange semble recracher les morceaux d'une étoile filante. Il a dû la soustraire au ciel de la nuit d'hier. Un ange est capable de tout, alors dérober une étoile quoi de plus facile !

Le coquin ! Il a dû l'avaler tout entière sans même prendre soin de la déshabiller.

Ce que j'afflige à mon regard, n'est pas vraiment une souffrance, non, juste une sensation bizarre qui me pousse dans une spirale aquatique, qui n'a ni début ni fin. Je n'ai aucune idée du temps qui s'écoule, mais en suivant les conseils de Pierre, je crois que j'ai abandonné Gisèle sur sa petite couverture de laine il y a plus d'un siècle, pour devenir autre chose.

Pas quelqu'un d'autre, mais autre chose. C'est fascinant !

Poussée par de petites vagues successives, la fontaine semble se désolidariser du sol, se déplacer, venir à moi. Je chuchote :

– La fontaine se rapproche.

Pierre pose sa voix à hauteur de la mienne :

– Bien, laisse-la faire la moitié du chemin et puis, va à sa rencontre. Fais d'elle ton amie.

Ce que je fais.

Cela peut paraître incroyable mais je ne faisais pratiquement plus la différence entre la fontaine et moi. J'étais comme fondue en elle. Mon corps avait la solidité de la pierre et mon esprit était si fluide. Jamais encore, je n'avais ressenti pareille sensation, à mi-chemin entre le désir et le plaisir. L'eau jaillissait de mon regard.

J'entends Pierre murmurer :

– Voilà, ne bouge plus, tu es superbe.

Et l'artiste se met au travail.

Il m'étudie, me considère, tend son crayon droit devant lui, ferme un œil, me compare et sur la toile, me rapporte. La rapidité de tous ses gestes m'impressionne. Moi qui navigue toujours entre la source et le granit, je n'ose à peine respirer et le sérieux avec lequel il œuvre, me maintient la tête hors de l'eau. Je me sens légère, libre comme l'air, aérienne et divine.

Mais lui, l'artiste, comment me voit-il réellement ? Quelle image a-t-il de moi ? Je suis impatiente de découvrir ce que je suis.

Impatiente et en même temps j'appréhende ce moment. Et si j'étais déçue !

Déçue ? Pourquoi le serais-je ?

Il suffit d'observer l'artiste au travail. Enthousiasme et inspiration transpirent dans tous ses gestes. Ses yeux font sans cesse des allées et venues entre la fontaine et moi, entre la toile et la fontaine, entre la toile et moi.

Puis il recommence, me considère, m'évalue, me rapporte. Sur la petite palette de bois, les couleurs se déposent et la brosse mêle délicatement le rouge et le blanc. Dans une valse effrénée, le rose danse sur la toile, bientôt rejoint par la douceur d'un bleu pâle, bien trop pâle. Il le rehausse d'une pointe d'outre-mer ou d'ailleurs et le bleu est amoureux.

Le peintre aussi.

Amoureux de mon image, je le vois bien. Ses gestes sont précis et sur la toile, je prends forme, j'apparais… je vis.

Il fait trois pas de côté, m'observe sous un autre angle.

Intrigué, il fronce les sourcils, déboutonne le haut de sa chemise. À l'aide de sa casquette, il s'évente puis reprend sa place. Quelque chose le gêne, c'est évident. Un nuage a dû s'immiscer entre le soleil et moi puisque Pierre dépose à mes pieds un petit miroir ovale, à plat sur le sol, face au ciel et dirigé sur mon visage. Sûrement pour remplacer cette clarté perdue. Je ne vois pourtant aucun nuage dans ce miroir, juste la cime des arbres immobiles, avalée par un ciel bien bleu.

– Écartez-vous, s'il vous plaît ! Comment voulez-vous que je travaille dans ces conditions ? Et puis, laissez-la respirer !

La voix du peintre me fait sursauter et me sort brutalement de mes rêves aquatiques.

Je comprends enfin son embarras, aucun nuage n'est mis en cause. Je ne l'ai pas vu venir, mais un attroupement s'est formé autour de nous, créant ainsi des ombres indélicates et grossières. Cette masse difforme et compacte ressemble à un mur où plus rien ne passe, pas même la lumière. Un mur que les mots de l'artiste n'ont même pas ébranlé. Rien en lui n'a bougé.

Bien campé sur ses pieds et décidé à ne pas se laisser détruire, ce voleur de clarté laisse échapper des murmures « *Mais c'est la petite Darnault, oui c'est Gisèle. Comme elle a grandi, qu'est-ce qu'elle est belle ! Pourquoi est-elle assise par terre ? Elle sert de modèle au peintre. Pas étonnant, avec des yeux aussi bleus, on jurerait qu'elle a un océan dans le regard…* »

Comme tous ces mots me touchent. J'attendais ce moment depuis si longtemps. Pour la première fois de ma vie, je me sens devenir importante.

Importante et très heureuse de l'être, enfin !

– Mais taisez-vous donc ! crie le peintre, Vous allez me la déconcentrer.

Changement de pinceau et nouvelle couleur.

Alors qu'il devrait être fier de moi, Pierre semble perdre son calme. Et le plus petit de ses gestes semble désormais guidé par une « malassurance ». Il soupire, hoche la tête, lève les yeux au ciel. Puis je l'entends marmonner :

– Un océan dans le regard, n'importe quoi !

De rage, il jette son pinceau à terre et me lance d'une voix teintée de jalousie :

– Ne les écoute pas, Gisèle, tu n'es pas non plus le centre du monde !

Je ne suis pas le centre du monde ?

- Non, tu n'es pas le centre du monde ! me souffle à son tour l'ange de la fontaine.

Foudroyée ! Foudroyée en plein rêve.

Je me suis cramponnée de toutes mes forces à la bouche de l'ange, mais j'ai glissé le long de son corps, et j'ai coulé. Battant de l'aile, il s'est envolé. La fontaine s'est éloignée, je n'ai pas pu la retenir. La source ne me portait plus, elle s'est tarie.

Pierre m'a laissée seule avec mes sourires à l'agonie. Je suis devenue hideuse.

Pourquoi m'a-t-il lâchée ?...

Aucune aide n'est venue de sa part.

Agacé, il replia ses chevalets, rangea ses huiles et plaça ses pinceaux dans une petite boîte métallique, sans même prendre la peine de les nettoyer. Je le regardais faire et je ne comprenais pas. Pourquoi ce désintéressement soudain ? Qu'avais-je bien pu faire pour le mettre dans cet état ?

Des larmes embuaient mes yeux. J'avais si mal à l'intérieur.

Je me sentais comme une bâtisse qui aurait supporté trop longtemps un toit beaucoup trop lourd pour elle, jusqu'au jour où, à bout de force, patatras ! tout s'écroule. Et moi, je me suis effondrée quand Pierre m'a lancé haut et fort :

– Lève-toi, Gisèle et rentre chez toi. Tu es stupide avec ce maquillage !

Cette vexation me fit l'effet d'une vitre brisée, tailladant mes rêves en franges irrécupérables.

Les badauds hébétés ne lâchèrent aucun cri de protestation. Ils se sont dispersés comme une envolée de moineaux, me délaissant sur-le-champ, oubliant leur intérêt pour moi.

Comme si je n'avais jamais existé.

Désemparée, d'un bond, je me suis levée et j'ai couru, aussi vite que j'ai pu, traversant le marché comme une folle, humiliée, morte de honte. Mes larmes noircies de maquillage me dégoulinaient sur le visage, souillant le haut de ma robe.

En passant le village, je pense que j'ai dû insulter la terre entière. Je suis allée me réfugier en plein cœur d'un sous-bois, bien à l'abri des regards. J'y ai passé l'après-midi entière et j'ai vidé mes yeux de toute l'eau qu'ils avaient absorbée.

Je crois que je n'ai jamais accroché autant de haine au monde qu'en cet éternel instant…

Pierre, à sa manière, venait de me donner ma première leçon d'amour.

On a beau se trouver irrésistiblement belle, bien stable, perchée sur de longues jambes, des hanches telles les courbes d'un violon, des yeux clairs au méthylène dilué et penser que rien ne pourra nous détruire, eh bien, on n'est pas le centre du monde.

De même, pour ceux qui estiment être allés à l'école suffisamment longtemps, croyant que le savoir qu'ils ont acquis est bien supérieur à celui glané dans la rue. Il ne fait aucun doute que ces gens-là se trompent. Comme moi, ils ne seront jamais qu'un corps opaque, fait de chair, de sang. Quel que soit le savoir qu'ils entreposent à l'intérieur, ils ne sont pas le centre du monde !

Rien ni personne n'occupe cette place, et rien ni personne jamais ne l'occupera.

Pas même vous, Mademoiselle Massard…

Sages décisions

Qu'y a-t-il de plus atroce que de ne pas trouver le sommeil ?

La nuit paraît bien longue. Se lever, se passer un peu d'eau fraîche sur le visage et sur le cou, tourner en rond dans la chambre, dans un sens, puis dans l'autre. Suivre sans déborder les contours du tapis, espérant qu'ils mènent quelque part, mais ils nous ramènent toujours au point de départ. Fenêtre grande ouverte, regarder dehors. S'accouder à la balustrade, compter les étoiles, chercher la plus brillante. Face à la lune, faire un vœu, mais sans trop y croire…

Peut-être qu'un jour, quelqu'un ira voir là-haut ce qu'il s'y passe.

Et, si le bonheur voulait qu'elle soit vide !

Se demander alors pourquoi on ne mettrait pas un bon coup de balai sur la terre pour la libérer de toutes les créatures inutiles et méprisables qui la peuplent. Les guêpes et les moustiques, les araignées velues, les mouches qui pondent leurs œufs sur la viande, les hommes qui mettent des coups de pied aux chats et ceux qui ridiculisent les jeunes filles. Allez hop ! Tout ce petit monde là-haut, sur la lune, avec les serpents, les scolopendres et les rats…

Éteindre lampes et bougies, s'étendre à nouveau sur le lit, ressasser encore un tas de choses, le temps s'en moque, le temps s'étire entre amour et guillotine. Se remettre debout, raviver les flammes des chandelles et pour la énième fois, regarder l'heure. La petite aiguille refuse de bouger, parce que la grande, indécise, n'en finit pas de tourner autour du pot. Et quelque chose nous dit que plus rien ne tourne rond.

Quel cauchemar d'avoir toujours face à soi le visage de son tourmenteur !

« *Tu n'es pas le centre du monde, Gisèle* ». Et voilà, la douleur me reprend. Je me tourne et me retourne. J'attends que ça passe, mais ça ne passe pas. Je voulais un nouveau père, eh bien, c'est raté. L'un est odieux, l'autre est détestable. À croire que les hommes prennent un malin plaisir à rendre les choses compliquées. L'un ne m'adresse jamais la parole, ou s'il le fait, ce n'est que pour me demander de lui passer la bouteille de vin, son écharpe ou sa casquette. L'autre se moque de moi, me fait croire que je suis belle et l'instant d'après me dit que je suis stupide avec ce maquillage. Je les déteste, autant l'un que l'autre. Je crois que cette nuit, je ne dormirai pas.

En rentrant chez moi ce soir-là, ma mère a bien vu que la tristesse s'était emparée de mon visage, et je n'ai rien fait pour la dissimuler. Comme d'habitude, j'attendais ses remontrances, ses hochements de tête et ses haussements d'épaules. Je m'y étais préparée. Je m'attendais à tout, mais pas à ça.

Comme si elle cherchait à me débarrasser d'un peu de peine, elle prit ma tête entre ses mains et de ses deux pouces, chercha à estomper le noir tout autour de mes yeux. Puis du bout des doigts, elle me caressa les joues.

– Tu as pleuré, toi ! me dit-elle d'une voix douce et compatissante, une voix que je ne lui connaissais pas.

Comment savait-elle que ce soir, je n'avais vraiment pas envie qu'on me crie dessus ? Comment pouvait-elle savoir que par-dessus tout, je rêvais d'un gros câlin ?

Pourtant, elle l'a fait. Pour la première fois de ma vie, j'étais dans les bras de ma mère, et comme si je connaissais par cœur le chemin qui mène au creux de son épaule, ma tête est venue s'y loger, confiante, sans la moindre hésitation. Il en aura fallu du temps pour que viennent à moi le parfum de son cou, de ses cheveux, la douceur de ses mains. Il m'en aura fallu de la patience pour qu'enfin je puisse entendre un peu de légèreté dans sa voix. Si je devais garder d'elle un seul de mes souvenirs, alors ce serait sans conteste celui-là.

– Qu'est-ce qui ne va pas ?

Lui dire que tout allait bien, aurait été un mensonge. Lui dire la vérité, aurait sûrement été plus honnête, mais aurait gâché à coup sûr ce moment de plaisir. Que pouvais-je répondre d'autre que :

– Rien, j'ai juste mal au ventre.

Éloignant légèrement son corps du mien, elle réitéra sa question avec la même douceur. Sa main, comme une plume, glissa dans mon dos.

– Tu es sûre de n'avoir rien d'autre à me dire ?

Je fis « non » de la tête.

– C'est quoi ce noir que tu as partout ?

J'ai lutté de toutes mes forces pour que mon cœur reste dans le mensonge.

– Oh ça, c'est rien. Juste un peu de noir de fumée. J'ai aidé le vieux Jeannot à nettoyer sa cheminée.

Elle plongea son regard au plus profond de mes yeux, espérant sans doute y trouver une autre réponse. Elle me caressa de nouveau la joue, me fit un sourire, puis son regard bredouille, lâcha prise.

– D'accord, tu as le droit d'avoir, toi aussi, tes petits secrets. Allez, monte dans ta chambre, je vais t'apporter une infusion de mélisse pour ton ventre, me dit-elle, après m'avoir embrassée sur le front.

Pierre m'avait humiliée devant tout le monde. Mes rêves émiettés se trouvaient encore éparpillés près de la fontaine et ma mère semblait vouloir recoller les morceaux. Elle mit de l'eau à chauffer, puis a rajouté :

- Ah, ce n'est pas facile de devenir une jeune femme !

Décidément, je ne comprenais toujours pas ses élans de gentillesse. Avais-je l'air si triste ?

J'ai pris la direction de ma chambre. Elle me laissa monter quelques marches.

– Gisèle !

– Quoi ?

– Je t'ai vue sur le marché, ce matin, tu étais très belle. Je crois qu'avec un ruban dans les cheveux, tu l'aurais été bien davantage.

Cet instant, je ne l'ai pas vu venir, mais je compris tout de suite que ma mère tenait une place dans ce mur voleur de clarté. Elle avait dû assister à la démolition et, comme moi, être humiliée par les propos de Pierre. Connaissant son point de vue sur les artistes, voir sa fille être traitée de la sorte par l'un d'eux, a sûrement été pour elle, une torture. Hésitante à répondre, j'ai monté encore quelques marches puis je me suis retournée.

– Belle ? Je n'en suis pas si sûre.

– Lui aussi te trouvait superbe, il te l'a dit.

– Oui, mais il m'a dit aussi que j'étais stupide.

Elle a mis un doigt sur sa tempe et s'est exclamée :

– Ce peintre est fou, voilà tout ! Il est trop vieux. Ou c'est toi qui es trop jeune. Peut-être bien les deux à la fois.

Mon père, égal à lui-même, bredouilla quelques mots en patois. Je crois qu'il me traitait de pisseuse, ou quelque chose de ce genre, puis de sa casquette, il chassa les mouches. Maman, d'autorité, lui a demandé de se taire. Quand elle employait ce ton-là, il valait mieux ne pas insister. Elle retrouva sa douceur et me dit :

– Tous les artistes sont des vauriens ! Tous, sans exception. Alors fais attention où tu mets les pieds, Gisèle, tu risquerais fort d'être déçue. Allez, va t'allonger, je t'apporte ta tisane.

Non, je crois que cette nuit, je ne dormirai pas. Il y a tellement de mots, d'images, qui se bousculent en moi. Mes sentiments sont mis à rudes épreuves, écartelés.

Je suis comme une toupie qui déambule sur un sol cabossé. Plus je tourne, plus j'ai mal, et plus j'ai mal, plus je m'en veux. Ma stupidité m'étouffe et je ne sais plus quoi penser, des autres comme de moi-même.

Comment ai-je pu être assez naïve pour espérer autre chose qu'une matinée ordinaire au moment où je me suis assise sur cette couverture de laine ? Comment ai-je pu croire que je pouvais devenir la fille de quelqu'un d'autre ? Non mais quelle idiote je suis ! Aussi laide à l'intérieur qu'à l'extérieur. Je me fais honte.

Alors, puisque ma mère vient de me prouver qu'elle n'est pas le monstre d'indélicatesse auquel je pensais, puisqu'elle sait se montrer aimante, pour une fois, je vais suivre ses conseils. Je vais déchirer mes illusions en petits morceaux. J'ai toute la nuit pour le faire, et demain, j'irai les éparpiller aux quatre coins du pays. Je rêvais de badigeonner ma vie de couleurs éclatantes, eh bien, tant pis, elle sera terne, semblable à la vie de toutes les femmes d'ici.

Les fleurs que je voulais faire pousser aux pieds de chacun de mes mots, eh bien, je les laisse à la terre. Elles grandiront aussi bien sans moi. Elles feront leurs racines sur les mots des autres. Je leur laisse le soin de les arroser de leurs larmes.

Moi, je voulais juste désherber le mot « amour », le faire briller, supprimer les ronces qui l'entourent. Je sais maintenant que c'est impossible, j'ai les bras trop courts, la tête trop près du corps et une âme qui saigne à la moindre égratignure.

Je voulais juste, oui juste essayer d'être quelqu'un d'autre. J'ai échoué, tant pis. Alors, adieu mes rêves, je vous rends votre liberté. Portez-vous bien. Vous êtes libres maintenant, libres d'aller où bon vous semble.

Cette nuit-là, les décisions que je venais de prendre étaient sans appel et j'entendais bien les respecter.

J'allais devenir une jeune fille obéissante, avenante, chrétienne. Pour ma dernière année d'école, je m'étais promise d'être attentive et de ne plus lancer un seul de mes regards par la fenêtre.

Finies ! les réprimandes.

Terminés ! les coups de règle sur les doigts.

Ma mère allait enfin avoir la fille dont elle a toujours rêvée...

Seulement voilà, Pierre en a décidé autrement.

Du sud, Guillaume est revenu.

Six heures trente.

Le soleil étend enfin son rideau de sang, mais le jour encore engourdi semble lourd de chagrin. Il traîne, atteint d'une insondable paresse.

Du reste, je me souviens.

Loin, c'est très loin vers le sud qu'un jour mon regard s'est posé. Non par peur de la solitude, mais par dégoût des hommes.

C'était le jour où sans prévenir, le nord s'est mis à vomir la bile de l'intolérance. Très vite, elle s'est répandue sur le monde en immenses vagues rouges et les bons comme les méchants, les jeunes comme les vieux, ont voulu faire parler la poudre. Même les plus dociles, ceux dont le cœur n'était fait que de mie de pain, se sont transformés en de féroces animaux, Guillaume y compris.

Un vent meurtrier venait de se lever et tous les regards se sont tournés là-bas, vers le nord. Pour s'y rendre, le fossoyeur avait mis à disposition sa charrette que tiraient des chevaux. C'est avec bravoure que les hommes y sont montés. Des chevaux, trois magnifiques chevaux noirs qui convoyaient pour la première fois de leur triste vie, des hommes encore capables de marcher.

Les femmes, des enfants pleins les bras, les ont regardés partir en cherchant déjà dans les ténèbres l'âme de leur mari, de leur père, de leurs fils. Ces femmes-là étaient fortes, pas une seule n'a pleuré. Et si elles ont déplié leurs mouchoirs, ce n'est que pour l'agiter au bout de leurs mains tremblantes, juste un repère pour les yeux des hommes déjà noyés dans l'épais brouillard de l'automne 1915.

Tous les matins, au soleil levant, elles scrutaient l'horizon, une main-parasol sur le front, espérant le retour de l'un d'eux. « *Puisque le vent du nord les avait emportés, c'est du Nord qu'ils reviendront* », pensaient-elles.

Quelle erreur !

Le nord, ils l'avaient perdu depuis longtemps dans la boue glaireuse de leurs tranchées. Ils avaient rompu avec les quatre points cardinaux dès le début de la guerre, tellement le bruit qu'elle générait les rendait fous.

Voilà pourquoi, en attendant le retour de mon gamin, je suis allée installer mon regard vers le sud et ensuite, le temps m'a échappé. C'est sans doute pendant que mon âme dormante était liée à l'âme meurtrie de Guillaume qu'un maraudeur a chapardé des morceaux de ma vie. Mais combien, combien d'années m'a-t-il ôté ?

Sur mon acte de naissance, on peut lire : Darnault Gisèle, née le sept août 1875, au lieu-dit la Colombière.

Alors de tête, je compte. Puis, je recompte et j'utilise mes doigts. Je recompte encore, et encore. Pas de doute, mon âge correspond bien à l'image que me renvoie ce satané miroir puisque lui aussi s'acharne à me prouver que déjà, je suis vieille.

Ces soixante-quinze années qu'il tente de me faire avaler, me font froid dans le dos, parce que dans ma tête, elles n'y sont pas ! Je fais face à cette image avec vaillance puisque je n'ai pas le choix, mais résonne encore en moi l'été de mes quinze ans. Du temps où je courais presque aussi vite que les chats. C'était, il n'y a pas longtemps, non, pas longtemps. En tout cas, pas une vie.

Mais alors, combien de temps me suis-je éclipsée... ?

Guillaume fut le premier à réapparaître. C'est du sud qu'il est revenu, squelettique, moribond. Fantôme traînant ses lourdes chaînes d'acier, avec aux pieds l'encombrant boulet de la guerre.

Mais qu'est-ce qu'ils t'ont fait, mon petit ? Et ton visage d'ange ?

C'est du sud qu'il est revenu, lacéré de toutes parts comme un ciel d'orage.

Après, je ne sais plus très bien ce qui s'est passé.

J'ai dû me perdre une fois de plus…

Quand Guillaume épousa Émilie, quelques mois avant la guerre, il ne se doutait pas que son bonheur ne durerait que si peu de temps. La petite est morte deux ans après son retour et mes supplications n'y rien changèrent. Il y a pourtant longtemps de cela, mais chaque fois, je le revis comme si c'était hier.

Est-ce qu'il y a quelque part un régisseur, quelqu'un qui déciderait, à notre insu, du bonheur, du malheur, des joies, des peines, de la vie, de la mort de chacun de nous ?

C'est dans les larmes recroquevillées de Guillaume que j'ai trouvé la réponse. Puis plus tard, c'est dans sa volonté à vouloir rester debout que j'en ai eu la certitude, parce qu'il est des douleurs tellement insupportables qu'elles ne nous appartiennent pas. Elles ne peuvent venir que d'ailleurs.

Oui, il y a certes une cruauté de la part de beaucoup d'entre nous. Preuve est faite par ce monde qui m'entoure. Il y en a une, bien pire encore.

Une cruauté indicible, aussi éloignée de nous que nous le sommes des anges, intouchable, froide comme une croix, bien au-delà de toutes croyances. Elle se trouve là où nos yeux ne vont pas.

J'ai mis du temps, beaucoup de temps à comprendre ce *Laisser-faire* dans lequel Guillaume s'était réfugié. Il avait recouvert son âme d'un épais manteau huileux sur lequel rien ne pouvait s'accrocher. Moi, j'abritais mon corps sous une longue chemise d'épines où s'amarraient tous les tourments. Les habits de l'incompréhension que j'avais revêtus, me blessaient jusqu'au sang.

Je cherchais dans la douleur, l'expression la plus juste pour aiguiser ma peine. Je m'y complaisais. Émilie était comme ma fille, je n'ai pas su la retenir. Ma pénitence a été de déambuler « un siècle » au moins dans le vide qu'elle nous laissa. Je me faisais volontairement violence en comptant les jours qui me séparaient de sa mort. Ils dégringolaient sur moi comme des arbres abattus à la hache. Je m'interdisais de sourire, de chanter, de m'habiller de couleurs claires parce que c'est ainsi que l'on a toujours fait. Il faut s'en donner du mal pour montrer aux autres que le disparu nous était cher.

Ne sont-elles pas ridicules toutes ces traditions ?

Ri-di-cules à en rire, burlesques à en pleurer.

Maintenant bien sûr, je m'en rends compte. J'aurais pu rire et chanter. Danser m'aurait fait sans doute le plus grand bien et cela n'aurait rien ôté au chagrin de mon âme.

Ces traditions ancestrales ont contribué une fois de plus à me faire perdre de précieuses parcelles de temps.

Guillaume, lui, bien couvert sous son épais manteau, ne semblait pas atteint par la douleur, et pourtant…

Pourtant j'en étais certaine, la souffrance devait, comme moi, le tirailler. Mais rien ne débordait, il paraissait calme et serein, comme si un dieu quelconque l'avait invité à passer un long séjour au paradis.

Comment pouvait-il porter son deuil avec autant de quiétude ? Je trouvais son attitude immorale, injuste, presque malsaine. Était-ce ces deux années de guerre qui l'avaient rendu si distant à l'égard de ses sentiments ? Je ne savais que penser.

J'étais partagée, entre le désir de déposer à ses pieds le fardeau qui me brisait les côtes, et l'envie de me faire souffrir encore davantage. Jamais Guillaume ne me fit le moindre reproche, pourtant je me sentais responsable.

Puisqu'Émilie, malade, m'avait été confiée, puisqu'il l'avait placée sous mon toit, alors je me devais de veiller sur elle, faire en sorte qu'elle ne marche pas sur les chemins caillouteux de l'après-vie. Profitant que sur une chaise, près d'elle, je m'étais assoupie, elle le fit.

Elle est partie silencieuse, un sourire au coin des lèvres. Et sous ses paupières entrebâillées, elle semblait révéler que tout irait bien maintenant. Elle avait enfin mis un terme à sa souffrance.

Pour moi, elle commençait.

Coupable ! J'étais coupable.

Dans mon esprit, cela ne faisait aucun doute. Coupable de m'être un moment endormie, coupable d'avoir cru aux secrets des herbes et à leurs pouvoirs de guérison, coupable d'avoir parlé, de m'être tue, coupable d'être encore sur terre. Coupable d'avoir voulu m'occuper de tout, mais si mal, et coupable de tout le reste que j'avais dû rater aussi. Coupable, coupable et sans excuse. Fautive, il fallait que je me punisse.

Jusqu'au jour où, n'en pouvant plus :

– Guillaume, il faudra bien qu'un jour, tu m'expliques les raisons de cette indifférence. Bon Dieu, mais c'est ta femme qui est morte ! Pas une larme n'a coulé de tes yeux, pas une fleur sur sa tombe. Ah, tu t'es bien foutu de nous ! Qu'as-tu fait de l'amour que tu lui portais ? Factice, comme tout le reste d'ailleurs. Tu ne peux même pas imaginer à quel point tu me fais honte ! En vérité, je crois que tu ne l'as jamais aimée, la voilà la vérité !

Si j'avais su que je me trompais, je n'aurais sûrement pas prononcé ces derniers mots.

Trop puissants, ils le blessèrent profondément.

– Comment oses-tu me parler d'amour, toi qui n'aimes personne ! De ta bouche, ce mot sonne tellement faux !

Au bord de l'effondrement, il rajouta :

– Si tu cherches dans ma peine le souvenir d'Émilie, alors tu te trompes de chemin. J'aurais pu, c'est vrai, verser quantité de larmes, me lamenter, me flageller, boire jusqu'à l'ivresse et pisser sur les gens heureux, crier à l'injustice et enflammer les dieux et même me perdre dans les ruelles de la débauche que cela n'eût rien changé. Quant à fleurir sa tombe, je ne pensais pas que tu mesurais la force d'un amour aux nombres de fleurs arrachées à la terre. C'est toi maman qui devrais avoir honte, honte de douter de mes sentiments.

Il sortit les mains de ses poches pour les poser sur son cœur et là, sans retenue, en larmes il s'effondra.

En découvrant l'immense détresse de Guillaume, je commençai à mesurer l'étendue de mon erreur, mais pas encore l'ampleur qu'elle allait prendre.

Jamais encore, je n'avais pu lire une telle amertume dans ses yeux.

Comment avais-je pu douter de sa sincérité ? Je ressentais le mal que je venais de lui faire. Impuissante à pouvoir faire le moindre geste pour m'en excuser, je baissai la tête, il se tourna vers la fenêtre.

J'entendais ses sanglots se faire aspirer par tout le haut de son corps. Le front plaqué sur la vitre froide, il laissa sa gorge déglutir plusieurs fois de suite. Petit à petit revenait le silence.

Pour Guillaume, ce n'était qu'une accalmie. La menace d'une récidive tourbillonnait encore en lui. Il s'assit à même le sol, dos contre le mur.

Étayant dans l'angle sa tête lourde de trop d'amour, sa voix s'est cassée, démesurément contenue de trop de peine, démesurément criante, et là, il me fit peur.

– Tu penses que je ne l'aimais pas ! Est-ce vraiment cela que tu penses ? Mais pour qui tu te prends pour pouvoir me juger, pour Dieu le Père ? Mais tu ne comprends rien à rien, tu n'es qu'une petite mère sans importance et c'est tout. Tu n'as même pas été capable de te trouver un mari et tu oses me donner des leçons de morale. Mais regarde-toi ! Dans la noirceur de tes habits, tu fais peine à voir. Je croyais ton Dieu de bienfaisance. Est-ce lui qui t'a ordonné de te punir, est-ce lui qui t'a demandé de me juger ? En voulant le représenter ainsi, mais c'est le diable que tu glorifies ! La mort d'Émilie a fait de toi une martyre et tu exhibes avec fierté un deuil qui dure depuis deux ans déjà. Alors maintenant, finissons-en ! Tu crois que tu es la seule à souffrir, tu crois qu'elle ne me manque pas à moi aussi, tu crois que derrière mes pas, je ne traîne pas mon désespoir. Alors laisse-moi te dire une chose.

Il s'arrêta quelques secondes pour mieux me voir trembler puis reprit de plus belle en pointant son index vers moi.

– Je t'interdis, tu m'entends, je t'interdis de mettre en doute tout ce que je viens de dire parce que s'il y a un amour qui a réellement existé, alors c'est le mien !

Emporté par sa rancœur, il rajouta haut et fort :

– C'est le mien !

Il y eut un long moment de flottement. Nous cherchions l'un et l'autre un moyen pour ne plus envenimer nos paroles. La colère s'estompant, Guillaume regardait le sol en se tordant les mains. Moi, je suivais des yeux un petit scarabée qui semblait beaucoup s'intéresser aux interstices du buffet. Quand entre deux lattes, il eut disparu, ne sachant plus où caler mes yeux, je me suis lentement tourné vers le gamin.

Tout en silence, il s'était remis à pleurer, la tête chevillée entre ses genoux. D'une colère agonisante, j'ai pu l'entendre murmurer :

– Et son corps, tu crois qu'il ne me manque pas...

J'ai dit gamin, c'est vrai, mais c'est juste une faiblesse de ma part à refuser qu'il grandisse. Je suis consciente qu'il ne l'est plus depuis longtemps pourtant je ne peux m'empêcher de le voir comme tel.

Si à mes yeux, je le laissais grandir, c'est tout un pan de ma vie qui viendrait à s'effondrer.

Si je le voyais comme un homme, alors ferais-je la différence entre lui et ceux qui m'ont fait tant de mal, pas sûre. Peut-être que je me mettrais à le détester, à le repousser si violemment qu'il me serait impossible de lui pardonner le simple fait d'être en vie. Ou bien, je le verrais dans mes rêves se faire broyer par une meule à grains et à mon réveil, il irait rejoindre le reste du troupeau dans la fosse à ordures dans laquelle je les ai tous jetés, puisque c'est là, la vraie place des hommes. Mais peut-on seulement détester son enfant à ce point sans se briser soi-même, je ne tiens pas du tout à le savoir.

Guillaume avait horreur de m'entendre parler aussi âprement de la gent masculine. Parfois, je lisais dans ses yeux à quel point je pouvais être irritante et derrière ses soupirs et ses hochements de tête, je devinais ses pensées : « *Maman, arrête de m'appeler gamin ! J'ai grandi, tu sais* ». Ou bien encore : « *Tu es folle, c'est quoi ton problème avec les hommes* ».

Mais il ne disait rien et c'était tout à son honneur, il savait la peine qu'il me ferait s'il cherchait à pénétrer ma mémoire. Il ne savait rien d'elle et je me gardais bien de lui tendre une perche pour qu'il puisse s'y infiltrer.

Et puis, pour quoi faire d'ailleurs, pour qu'il découvrît de quoi étaient capables les hommes ? Il le savait, ce gamin avait vu plus d'horreurs sur le front de l'Est, qu'il n'avait été capable d'en supporter. Alors, ce n'était pas ma petite histoire à moi qui aurait fait pencher la balance du bon ou du mauvais côté.

C'est volontairement que sans un mot, je laissais le temps se volatiliser ; le temps pour lui de se calmer, de retrouver sa douceur naturelle et pour moi de contenir mes tremblements.

Je ressassais tout ce qu'il venait de me dire et je me détestais.

Douter de lui ! Comment ai-je pu ? Si j'avais pu m'enfuir, je l'aurais fait, mais il me fallait faire face à ce que j'avais provoqué. Cela me revenait en plein visage et c'était bien fait pour moi, un juste retour des choses. « *Voilà encore une autopunition que je m'inflige* », pensais-je. « *Excuse-moi, Guillaume d'avoir été aussi méchante.* »

Ces mots me brûlaient les lèvres mais je n'ai pas pu les prononcer.

Les entendre lui aurait sûrement réchauffé profondément le cœur, mais non, je ne les ai pas dits. À aucun moment de ma vie, je ne me suis excusée.

Ce qui est dit est dit, ce qui est fait est fait. Puisque le temps jamais ne se remonte, puisque l'on ne peut changer le cours des choses et revenir sur nos propos, alors s'excuser ne sert à rien. Cela serait trop facile.

Mesquin est celui qui s'agenouille en présentant plates excuses. Tout ce que l'on peut espérer, c'est que l'on soit pardonné, sans jamais le demander. C'est pour cela qu'en aucun cas, je n'aurais réclamé son indulgence. Mes paroles alourdies par des années de deuil avaient largement dépassé mes pensées et il le savait. C'était à lui de voir s'il voulait m'en garder rancune, mais ce dont j'étais sûre, c'est que quelque chose en lui avait changé.

Il n'était plus le même et plus rien ne semblait le toucher. Dans quel monde vivait-il depuis son retour du front ? En était-il seulement sorti ?

Marchait-il sur la même terre que moi ou avait-il les pieds encore englués dans ce conflit, je n'en savais rien. Jamais il n'a voulu me souffler mot sur ce qu'il a vécu là-bas, alors j'imagine, et ce que je vois me terrifie.

Des pensées sanglantes me submergent, me frappent, me fendent comme une bûche de bois sous la cognée. Soudain, mon Guillaume apparaît, frêle soldat posé sur un paysage laminé, faisant face aux canons gigantesques et meurtriers.

Le bruit saccadé des armes, les déflagrations, les cris, les plaintes et les gémissements ont remplacé le silence des vastes plaines de l'Est. Le vent n'expire plus ses effluves d'humus, mais celles de la poudre et du sang. Et partout sur le sol, des corps. Des corps, à perte de vue. Certains déchiquetés, troués tels de vieux journaux oubliés dans une cave humide. D'autres au visage grimaçant, les yeux clos, la bouche démesurément ouverte pour mieux vomir la boue glaireuse entrée par le trou béant de leurs entrailles. Des moitiés d'hommes à demi enterrés. Ici et là une jambe, un bras, un casque à pointe sans personne en dessous.

Une tête qui n'en finit plus de rouler, dans les creux, sur les bosses, rien ne l'arrête. Elle ignore que le reliquat de son être restera à jamais enchevêtré dans les barbelés, figé comme une araignée dans sa toile.

Un autre, à bout de force, mort de trouille, offre debout sa future dépouille aux balles ennemies, les bras tendus comme deux ailes. Il hurle, hurle pour que tout s'arrête.

J'aperçois aussi celui qui à genoux, sanglote, les deux mains plaquées contre ses oreilles en suppliant sa maman de venir le chercher. Il n'a qu'elle et jamais elle ne l'a trahi, alors il essaye, il s'égosille, il espère, il l'entend : « *Allez, mon petit, allonge-toi face contre terre et ne bouge plus, ainsi tu ne verras pas venir la balle qui te fera délivrance* ».

Et puis dans les brumes de mon imaginaire, il y a mon Guillaume assiégé de douleurs, qui s'écroule, avalé de moitié par la mort. Un éclat d'obus vient de lui déchirer le visage. De ses yeux collés de glaise et de sang-mêlé, s'échappe la blanche fumée de son enfer. Sous lui, le sol de sa patrie, fatigué de trop de guerres, se dérobe, et Guillaume hurle à son tour.

Dans son long manteau bleu horizon, sa carcasse reptilienne s'enroule au pied d'un arbre déraciné.

Au plus profond de mon âme, je l'entends crier : « *Je m'appelle Guillaume Darnault, matricule 0514 238 et j'emmerde la mort* ». Il hurle, espérant sans doute raviver ceux qui devant lui sont tombés. Il hurle aussi pour oublier, pour oublier les animaux que sont les hommes devenus.

En face, la même épouvante, le reflet du miroir.

Les cris, les pleurs, les plaintes et les gémissements sont universels. Tous ces gamins, j'imagine venus des quatre coins du monde, humiliés. Innombrables enfants qui, pour se protéger des balles, empilaient les cadavres, leurs compagnons, devant eux comme de vulgaires sacs de sable. Tous pétrifiés d'effroi quand l'ordre fut d'avancer, et d'avancer encore.

C'est étrange, quand Guillaume était soldat, moi qui n'étais qu'à demi-croyante, je suppliais Dieu, jour et nuit pour qu'il me rende mon enfant.

Agenouillée devant le Christ en croix, tête basse et mains jointes, j'attendais, au pied de mon lit une réponse, un moindre geste, un signe de sa part. J'ai attendu, longtemps, pensant que si Dieu n'avait pas d'oreilles, il avait peut-être un cœur.

Puis un beau matin, il me l'a rendu. Oui, Dieu m'a rendu mon Guillaume, mais dans quel état.

À présent, je sais pourquoi l'Éternel ne s'est pas manifesté. Nous avions, nous, les hommes, créé notre propre enfer. C'était donc à nous d'en sortir.

Attristé oui, présent auprès de nous, sûrement.

Dieu applique aussi le laisser-faire quand ses enfants légitimes sectionnent d'un coup de dent le fil qui les maintient la tête hors de l'eau. Ils oublient si aisément la place qu'ils occupent sur la terre.

Les visages tordus de douleur, les poitrines sanguinolentes, les corps sans vie accrochés aux branches, étaient bien ceux des hommes. Puisque l'ordre était d'avancer, alors Dieu désarmé, prit du recul et se tut. Honte à nous de ne pas l'avoir vu.

Dans la violence et dans l'infamie, nous sommes bien plus puissants que tous les démons réunis. Le chant du déshonneur est bien notre domaine. Nous le chantons haut et fort, avec, au fond du cœur, la fierté d'être humain, pas des bêtes sauvages. L'ordre était d'avancer, avancer, encore et toujours pour aller mourir dans le désordre des hommes.

Dieu, c'est vrai me l'a rendu, il avait donc un cœur. J'aurais désormais devant moi un mort qui marche, nourri par une graine écœurante, celle de l'indifférence.

Devais-je le retour de Guillaume à une volonté divine ? Avais-je à faire à une nouvelle facétie du diable ? Qui devais-je remercier, et qui maudire ?

Difficile pour moi de me munir de patience dans l'attente d'une réponse.

Guillaume ne ressemblait plus à rien de ce que j'avais connu de lui et ça, je ne pouvais plus le supporter. Il me fallait savoir. Puisque j'avais commencé à étrangler le chat, je devais le finir. Alors, d'une voix volontairement forte et téméraire, je repris :

– Vas-tu enfin te décider à me parler oui ou non ! Mais qu'est-ce qu'ils t'ont fait là-bas pour que plus rien ne soit comme avant ? Que s'est-il passé pour que plus rien ne te touche, dis-moi ? Même la mort de ta femme ne t'a pas fait réagir. Allez, secoue-toi un peu, bon Dieu ! Tu n'es pas le seul à l'avoir faite, cette guerre. Elle est finie, et tu es en vie. Défiguré peut-être, mais en vie ! Des millions d'hommes ne peuvent pas en dire autant.

Cherchant délibérément l'affrontement, je me suis remise à trembler.

Sa réponse ne tarda pas. C'est calmement qu'il la lança, comme une évidence :

– Regarde bien ma gueule, regarde-la bien. Tu ne crois pas que j'aurais préféré y rester ? Même Mistral ne me reconnaît pas. Ce chien que j'ai eu tout petit et qui me suivait partout, maintenant, a peur de moi. Tu croyais avoir mis au monde un ange ? C'est bien comme ça que tu m'appelais, pas vrai ! « *Mon petit ange* », eh bien, le voilà transformé en démon ! D'ailleurs à ce propos, on vient de m'attribuer un nouveau statut, le statut des « gueules cassées ».

– Je ne trouve pas ça drôle ! lui ai-je alors rétorqué.

Il me regarda étonné puis reprit froidement :

– Ce n'est pas une plaisanterie. Cela regroupe tous les éclopés, les amochés, les difformes, les invalides et les boiteux, les caducs, les humiliés et les affreux, les raccourcis, les chancelants, les avilis, enfin tous ceux que cette putain de guerre a brisés. Et cela va nous donner le droit d'aller exhiber nos meurtrissures dans les meilleurs hôpitaux.

Mesurer nos plaies, nous détailler sous toutes les coutures, cette nouvelle branche de la médecine, la Chirurgie réparatrice, a besoin pour se faire la main, de sujets bien vivants. Ils vont tout faire pour que l'on retrouve apparence humaine mais beaucoup d'entre nous resteront mi-hommes, mi-monstres. J'ai même entendu dire que partout en Europe vont être organisées de gigantesques loteries pour que l'on puisse vivre décemment jusqu'à la fin de nos jours ; puisque bien sûr, les trois quarts d'entre nous sont dans l'incapacité de travailler. C'est pitoyable, non ?

Sa colère le fit taper du poing sur la table :

– Et toi, tu me demandes pourquoi je ne réagis pas ! Mais je ne peux pas !… Et même si je le pouvais, je refuse désormais de me battre contre qui que ce soit, et encore moins contre moi-même. Est-ce que tu comprends ça ? Dis-moi, est-ce que tu comprends ? Comprends aussi que, depuis la mort d'Émilie, je ne suis plus rien. Si je regarde droit devant moi quand je marche, c'est parce qu'elle est toujours devant mes yeux, belle, et bien vivante. Voilà pourquoi je ne semble pas avoir mal. Et pourtant, je peux t'assurer que ma douleur est bien présente, bien plus que tu ne peux te l'imaginer !

Puis la voix se fit plus douce :

– Je suis juste en sommeil alors, s'il te plaît, ne me réveille pas. Si je te disais qu'il m'arrive parfois de sentir son parfum et même d'entendre sa voix. Me laisseras-tu vivre ce semblant de vérité, c'est tout ce qu'il me reste, où vas-tu continuer à m'en empêcher ? Le poids de mes malheurs m'a fait courber le dos, mes jambes ont fléchi aussi, néanmoins je marche encore, plus ou moins droit, mais je marche encore. Alors ne rajoute rien ou je vais m'effondrer… Je n'ai même plus mon chien pour m'accompagner. Laisse faire les choses, c'est très bien ainsi. Telles qu'elles sont, je les accepte, parce que si je réagis… Si je réagis… alors je me détruis !

La vie m'avait tellement rendue résistante à toute épreuve que je n'avais pas réalisé l'étendue de sa souffrance. Elle avait des dimensions bien plus grandes, bien plus profondes que celles que j'avais pu percevoir. Désapprendre à vivre à deux lui était impossible et l'idée même de mettre un terme à son amour devenait impensable.

Ce sont ses derniers mots qui m'ont donné la lourdeur de ce qu'il portait. « *Si je réagis, alors je me détruis.* »

Je comprenais maintenant sa façon de prolonger son amour. Il lui fallait cohabiter avec ce fardeau, le porter à bout de bras, aménager au mieux sa solitude et veiller à ce que jamais personne ne prenne la place qu'Émilie avait laissée.

Quelle idiote j'avais été de ne pas le comprendre plus tôt ! Cela devenait évident, fluide et clair comme l'eau d'une source.

Si Émilie n'était plus morte, si les blessures de son visage, de son thorax et de ses bras ne le faisaient plus souffrir, si dans son esprit les douleurs n'existaient plus, alors tout devenait plus simple puisque rien n'avait changé.

Et si, pour apporter à son âme un tant soit peu de bonheur, il devait refuser tout en bloc, tout ce qui dans la vie l'empêchait d'être lui-même, alors qu'importe ce que les autres pensaient.

Il se foutait de savoir où se situait réellement la vérité, l'important pour eux deux, était de continuer ce qu'ils avaient commencé, ne pas laisser s'interrompre leur histoire, entretenir la flamme, faire comme si le malheur ne les avait pas trouvés. Oui c'est ça, faire comme si…

Ce soir-là, attentive à chacun de ses mots, une porte condamnée depuis bien longtemps a volé en éclats. Elle libéra violemment tous les carcans de ma conscience, emmurée depuis la mort de Pierre Devanel.

L'air frais qui s'y est engouffré, a dévoilé sans complaisance la femme que j'étais devenue, irascible, autoritaire et maladroite, alors que je me croyais douce, aimante et drôle. Pendant quelques secondes, je dois dire que j'ai douté de mon ressenti.

Comment avais-je pu, sans même m'en apercevoir, changer à ce point ? J'étais devenue tout ce que je détestais chez les autres et j'avais envie de hurler. Je cherchais aux confins de ma mémoire cette jeune fille qui aimait tant les chats, celle qui insouciante se moquait éperdument du temps qui se perd… Je ne l'ai pas trouvée, disparue, plus aucune trace.

Comme un lion en cage, Guillaume faisait les cent pas, essayant tant bien que mal de trouver l'issue qui le mènerait à la liberté. En tous sens, sur le tapis du salon, entre le buffet où résidait le scarabée, et la chaise de mon grand-oncle. Entre les papiers tue-mouches et le bouquet de fleurs séchées. Entre le placard à balais et la franc-comtoise. Horloge infatigable qui attrape, berce et balance le temps, émietté et vaincu de l'autre côté.

Il aurait pu marcher comme cela des heures si je ne m'étais pas dressée devant lui, bras écartés pour loger ma tête contre son épaule.

Je transpirais à l'idée qu'il puisse m'en vouloir et je crois que je me serais pendue si tel avait été le cas. Point de rancunes. Ni de lui, ni de moi.

Faire comme si, l'un comme l'autre, nous ne nous étions pas laissé emporter, poussés par la désespérance. Voilà ce qu'il fallait faire, rejeter la faute sur la désespérance, c'était la plus sage des décisions.

Alors, ma voix se fit plus douce, mon regard plus tendre. Désormais mon petit ange, tu n'auras plus rien à craindre de moi.

C'est vrai que je l'appelais mon petit ange. Quand il était enfant, il ressemblait tellement à l'ange de la fontaine. Le même visage rond, la même chevelure blonde et bouclée descendant sur la nuque.

Un jour, moi aussi, j'ai fait comme si, comme si ce petit ange était à moi. Parce que la vie, après s'être acharnée à me désarticuler, a fini par me faire ce cadeau.

À trente ans, je ne me suis pas posé de question, je l'ai pris dans mes bras et j'ai fait comme si, comme si j'étais sa mère.

Un diamant, un diamant tombé du ciel quand lassée de démêler le fil de mon existence, j'aurais voulu tourner très vite les pages de ma propre histoire, jusqu'à la dernière, jusqu'au point final. Juste pour ne plus penser.

Guillaume n'est pas mon fils.

Nous avons les mêmes yeux, pas le même sang. Qu'est-ce que ça change?

C'est dans la grange de Lazare Castang que je l'ai trouvé, et alors…

Qu'est-ce que ça change?

Mon miroir est un menteur

Bientôt, tout va se figer. Et les vieux, dont je fais maintenant partie, s'enferment à nouveau dans leurs bâtisses de pierres. Ils se réchauffent près des cheminées ou des poêles à bois. Ils attendent patiemment que le soleil s'invite à nouveau sur cet échantillon de vie, ce petit copeau de terre qui nous a vus naître. Dès l'apparition de l'automne, vivre un an de plus, c'est tout ce qu'ils espèrent et moi, au début de chaque été, je voudrais mourir.

Mourir, voilà un joli verbe. Simple, efficace et facile à accorder.

Il pourrait aisément détrôner le verbe « Aimer » si dans ses filets, il n'emprisonnait pas autant de peine. C'est drôle, ce verbe ne me fait plus peur, je dirais même que mourir m'attire. C'est peut-être parce qu'il rime avec sourire, il y a tellement longtemps que je n'ai pas souri. Je crois que je ne sais plus.

Certains jours, il y a tellement de tristesse en moi que la mort, la mienne, serait la bienvenue. On ne guérit pas de la mort et cela me va très bien. Mais pour la majorité des gens, le simple fait de prononcer ce mot, même à voix basse, appelle l'épouvante.

Alors, en touchant d'une main le bois d'une table ou d'un banc, ils préfèrent dire : « *S'il m'arrivait quelque chose* » sans oublier bien sûr de se signer d'une croix.

Oh, je sais ! Comment puis-je parler ainsi de la mort et pourquoi elle ne m'effraye pas ?

La réponse est simple. Je suis morte depuis bien longtemps déjà, ou plutôt, je ne suis plus vivante. La faucheuse a déjà rabattu l'herbe sous mes pieds, elle ne repoussera pas. De la vie, je n'en ai plus que l'apparence.

Mes vieilles jambes me portent encore, au moins jusqu'au centre du village et même si c'est de guingois que je vais chercher mon pain, c'est de ma droiture que je le paie. Il m'arrive aussi de dégoupiller des rires que je laisse éclater contre les parois de ma chambre, mais cela ne veut en aucun cas dire que je suis heureuse. L'écho que me renvoient ces quatre murs, me donne l'impression d'être moins seule. Malheureuse, je ne le suis pas. Pour me distraire, je me fais la conversation, même si parfois la salive me manque. Ainsi le silence se brise quelque temps. Ce qui me plaît, c'est de l'entendre dégringoler, dévaler l'escalier et s'éparpiller sur mes tapis. J'aime à savoir que ce silence peut revenir sur-le-champ et d'un coup, se recomposer.

Depuis que Guillaume a déserté la maison, la décision d'y faire le calme ou le fracas m'appartient, à moi et moi seule.

Je respire aussi encore un peu d'air, enfin celui que l'on veut bien me laisser parce que je sais que quelque part déjà, quelqu'un empiète sur la partie qui m'est due. Je n'ai aucune animosité envers lui, bien au contraire. Pour prendre ma place, il me pousse doucement vers le fond du trou. Son nom ? Je ne le connais pas. À quoi, à qui peut-il ressembler ? Je n'en ai pas la moindre idée et c'est très bien comme ça.

Si on me le montrait du doigt en me disant : « *Voici l'enfant qui de ses petits pieds déjà te pousse* ». C'est d'une caresse sur la joue que je lui dirais : « *Prends tout l'air dont tu as besoin, mon petit. Occupe toute la place que tu veux et profite bien de ta jeunesse. Ne perds pas de temps avec ceux qui ont fait de l'ennui leur emblème. Ça passe si vite une vie* ».

Enfin, c'est ce que je lui dirais si je le rencontrais.

Mais, comment établir ce face-à-face ? Comment reconnaître celui qui me mettra dehors ? Alors avant que résonne le glas pour annoncer que la vieille Gisèle n'est plus, je profite.

Ce peu d'air qu'il me laisse me suffit amplement pour chantonner, attiser les braises de mon feu, souffler sur ma nourriture trop chaude.

L'air frais du matin, mon préféré, celui qui n'a pas encore été souillé, celui que personne n'a encore respiré, à part peut-être les insectes et les rapaces nocturnes. J'aime à penser que cet air vient de loin, d'un autre pays peut-être. Tout saturé de rosée, il libère petit à petit le parfum de chaque fleur sur laquelle il a glissé pendant la nuit.

Comme je le faisais avant, je pourrais sans me tromper énumérer ces fleurs, une à une, si ma mémoire ne me trahissait pas.

Mais, elle se joue de moi, moi qui ne joue plus depuis longtemps. Elle me prend pour un bambin qui doit tout apprendre depuis le début. Comme si c'était facile de vieillir avec comme ennemie la malle aux souvenirs qui ferme mal ! De plus en plus mal.

De son bois vermoulu, tout s'échappe et je n'ai pas assez de mes deux mains pour tout retenir. J'y mets pourtant toutes mes forces, mais forcée de constater que j'en laisse filer plus que la moitié. Alors, bien sûr…

Alors, bien sûr, on se moque de moi, on me crie dessus même, des cris en forme de balles de fusil que je prends en plein cœur. Des cris qui me harponnent et qui me font mal. Pourtant, je fais de mon mieux pour colmater ce panier percé, mais rien à faire.

Je passe pour une imbécile auprès de tous, et personne ne se gêne pour me le faire savoir… Car eux aussi font de leur mieux.

Ah ! ça, on peut le dire ! Ils s'en donnent du mal pour essayer de me faire sangloter. Il faut les voir, avec leur sourire en cornes d'escargot et leurs mains soutenant leur ventre bien rond.

En attendant le mot qui me fera trébucher, déjà ils se gaussent. Et si par malheur, ce mot se fait attendre, s'il ne vient pas, pire encore si le mot se fait remplacer par un autre, alors là, c'est l'apothéose, un feu d'artifice de ricanements dans lequel ils se vautrent et se délectent.

De ma mal assurance, ils ont trouvé matière à rire. Une manière comme une autre de s'alléger un peu de cette méchanceté qui les encombre.

De ma douleur et de mon ressenti, de mon désarroi face à tous ces mots qui m'échappent, ils s'en moquent comme de leur première coupe de cheveux.

Le summum de l'humiliation, l'irrespect le plus total, c'est ce geste faussement amical, cette tape qu'on afflige à mon épaule gauche comme on claque la cuisse d'un cheval qui ne va pas droit, comme pour me dire que je ne tourne pas rond, que je débloque.

À l'aide de leurs dents jaunes et de leur médisance, ils cisaillent mon âme en petits morceaux. Et d'ajouter : « *Prends ton temps, Gisèle, on n'est pas pressés, tu nous le diras demain* » puis, « *Un mot de perdu, dix de retrouvés* ».

Je vois bien qu'ils font exprès de me poser une multitude de questions, juste pour se moquer de moi : « *Attention les amis, Gisèle va parler. Eh bien, on n'est pas couchés !* »

S'ils savaient que sous ma plume, il y a trois fois plus de mots qu'ils n'ont de cheveux sur la tête, ils feraient moins les malins ! Alors pour eux et uniquement pour eux, j'ai restreint volontairement mon vocabulaire. Il se limite maintenant à « *bonjour, merci, bonsoir, ah bon !... et comment est-il mort ?* »

Ce sont les seuls qu'ils entendront sortir de ma bouche désormais et cela suffit pour converser avec les traîtres.

Et surtout, il y a les mots, les gros mots, qu'ils n'entendent pas, ceux que je prononce à voix basse quand tous ces idiots m'ont fait du mal. Ceux que je marmonne quand je perds pied. Ceux que je mâchonne entre les quelques dents qui me restent, quand mes larmes par vagues me submergent presque à me noyer. Quand je n'ai plus d'autre issue que de les ignorer, leur tourner le dos, quand je n'ai plus la force de lutter contre la bêtise, alors il y a : « *Bâtard, fils de pute, mange tes morts en salade, salope* » et bien d'autres encore. J'en ai tout un stock et des biens plus sévères.

Je sais ! De telles insultes dans la bouche d'une vieille édentée comme moi, choquent, mais ces mots leur vont si bien !

Jamais, et j'en fais un point d'honneur, jamais ils n'auront le plaisir de me voir en pleurs. Pour cela, j'attendrai toujours d'être seule. Quelquefois, je voudrais les rayer de la liste des vivants pour que leurs noms n'apparaissent que sur le registre de l'état civil. Par leur faute, j'ai déjà tué une fois, et ça… je ne l'ai pas oublié. Je pourrais peut-être bien recommencer…

Souvent, le soir venu, je me cramponne de toutes mes forces aux angles mal définis de ma mémoire filante et je rassemble les fragments éparpillés de ce qu'a été ma vie.

Fragments jetés çà et là comme des miettes de pain aux oiseaux. Je les cherche, je les traque, je les arrête. Devenus captifs, je les torture pour qu'ils parlent, pour qu'ils avouent qui est leur chef. Parce que c'est sûr, même les souvenirs ont un chef, un meneur de foule, un gouverneur des faits et gestes qui décide du repli de ses troupes quand tout va mal.

Et puis, quand ils ont parlé et qu'ils ont tout dit, j'en fais de petits tas que je couche ensuite, bien ordonnés, sur les pages blanches d'un précieux cahier que je referme au milieu de la nuit. Mais ça, nul ne le sait, pas même Guillaume.

Non, ce n'est pas facile de voir les choses pourtant quotidiennes et ne plus se souvenir à quoi elles servent. Pas facile non plus de se rappeler que le voisin a un chien, moche comme un pou, hargneux comme une teigne et qui m'effraye chaque fois que je passe près de son portail. Même retenir le prix du litre de lait est devenu un calvaire.

C'est comme cette grande fleur à larges pétales, de couleur bleue, d'odeur suave, mais tige garnie d'épines, aimant le plein soleil.

On la trouve aux terres en friche et quelquefois sur le bord des talus. Je la connais bien, son nom c'est… Ah ! Comment s'appelle-t-elle déjà cette fleur… Escl ?…, Esclide… Non, Esclad ? « *Bon, cela me reviendra bien* », me dis-je, et cela ne revient jamais.

Disparu, évaporé de mon vocabulaire et sans doute éteint à jamais. Elle est pourtant belle cette fleur qui a confié son odeur aux ailes du vent, ce matin. Demain, il sera trop tard. Demain, une autre aura pris sa place, elle sera mauve, ou rouge peut-être.

Non ! Jaune ! Je mise tout sur le jaune. Ce sera la couleur de demain. Oui c'est ça, jaune poussin. Elle viendra s'accrocher aux franges odorantes du matin et je sais, je sais qu'elle ne me trahira pas.

Avec les fleurs, je ne passe pas pour une folle. Elles se laissent découvrir, aussi je les vois osciller, hésitantes à se réveiller, puis bien droites, essayant de se grandir pour avaler le soleil. Elle sera jaune c'est sûr, celle de demain, mais son nom ! Son nom me reviendra-t-il en quelques secondes ou devrais-je encore le chercher la journée entière ?

Je connaissais pourtant chaque fleur de chaque mois et le parfum de chacune d'elles, avant.

Cette maigre envie de vivre qui encore un peu me tient, c'est pour elles. Si je déclos mes yeux, si je me hisse de mon lit aux aurores, c'est uniquement pour elles.

Mais à peine ai-je entrouvert les persiennes de ma mémoire que déjà, elles jaunissent, flétrissent et se fanent. Comment s'appelle-t-elle déjà cette fleur ? Esclide, non ! Esclad ?… Et puis après tout, je m'en fous !

Je suis plantée devant mon miroir comme une mauvaise herbe et je ne sais pas ce que je cherche. Que pourrais-je d'ailleurs y trouver de bon, si ce n'est la bonté de la mort elle-même ? Et c'est peut-être bien elle que j'aperçois.

C'est sans doute elle qui dévore le nom de mes fleurs.

Je maudis celui qui le premier, a osé les nommer autrement que Fleur de Printemps, Grandes Fleurs des Champs, Coureuses des bords de routes ou Gerbes de rivière.

Mon Dieu, comme ce miroir me fait peine. Cependant, malgré l'horreur que j'y vois et le dégoût que je ressens, je ne peux m'en détacher.

Il me faudra bien admettre un jour qu'il renvoie toujours l'image qu'il avale ! Mais celle qu'il recrache depuis pas mal de temps me donne l'impression qu'il confond, qu'il se trompe de personne. Ce pâle reflet semble porter sur ses épaules la mort en triomphe pour un dernier tour de piste. Je n'ai jamais cru à la sincérité des miroirs, mais si celui-ci dit vrai, alors pourquoi me fripe-t-il à ce point la peau, pourquoi ces poches sous les yeux, ce menton fuyant ?

Et ce cou, regardez-moi ce cou ! Il est trop gros, bien trop flasque. Ce n'est pas le mien, j'en suis certaine.

Et ces seins tout piteux, rêches comme deux vieux gants de toilette. Non mais franchement, cela ne fait aucun doute que ce miroir délire.

La seule chose qu'il me laisse sans rechigner, c'est la clarté de mon regard. J'ai toujours aimé ses petits éclats de malices incontrôlables qui s'en échappent. Quel dommage que je sois maintenant obligée de les cacher derrière d'épaisses lunettes ! Ces horribles lunettes rondes qui me gênent plus qu'elles ne me servent, me font la physionomie d'une chouette.

Ajoutez à cela, les épis récalcitrants de mes cheveux gris, le nez que je me suis cassé l'année dernière en m'affalant sur le trottoir, parce que j'étais sortie sans ces maudits lorgnons.

Me voici, l'oiseau de mauvais augure.

C'est tout juste si je ne sors pas les nuits de pleine lune pour hululer…

Où sont-elles passées toutes ces années que je n'ai su saisir ? Qui a bien pu me voler celles que je n'ai pas vécues ? Je fais le compte et il m'en manque, au moins plusieurs dizaines. Deux, peut-être trois. J'étais un peu distraite ses derniers temps, je le reconnais.

J'aurais dû veiller un peu plus sur elles. J'aurais dû trouver la force d'affronter ce qu'un jour on m'a donné de plus précieux, la vie.

Placée au milieu du troupeau, je suis toujours celle qui se met à l'écart, celle qui ne veut pas manger la même herbe que les autres, celle qui, par fierté, s'interdit de porter une cloche à son cou.

Je suis celle, au crépuscule, que l'on devine perchée au sommet de la colline, quand les autres, en bergerie, atteints déjà du sommeil des plus purs, sont allongés paisiblement, dans leurs déjections, dans l'aigreur écœurante de leur haleine.

J'étais celle qui n'aimait pas les gens, je le suis restée. Et d'aussi loin que je me souvienne, j'ai toujours dormi loin du troupeau.

Si l'éternité existe, alors c'est seule que j'y dormirai et cela me va très bien.

Seule, et toujours loin des autres, très loin…

La Bancale

J'avais donc décidé de prendre en charge mes 15 ans avec sérieux et d'appliquer mes décisions séance tenante. Ma mère était ravie, tout allait rentrer dans l'ordre maintenant. Sans qu'elle me le demande, la table était mise à l'heure. À peine avions-nous fini de manger que je la débarrassais. Un bon coup de balai, « *Pardon papa, pardon maman, levez vos pieds, s'il vous plaît, merci* ».

La vaisselle n'était plus une corvée, je la faisais dans la cour, à l'ombre du tilleul. Nous étions début juillet et l'eau fraîche tirée du puits était la bienvenue. Mettre les mains dans la bassine en zinc pour laver quelques assiettes, quatre verres et deux casseroles devenaient presque agréable. Puis je laissais sécher le tout sur le torchon de la vieille table en bois, au soleil. Après cela, je montais dans ma chambre pour apprendre les tables de multiplication.

Le soir vers 19 heures, j'allais chercher le lait à la ferme de l'Émile Priadou, à l'autre bout du village. L'Émile avait un chien rigolo, « Moustic » noir et roux, tout petit, court sur pattes, et de grandes oreilles constamment couvertes de teignes et de garance. Il faisait toujours quelques cabrioles avant de venir à ma rencontre, puis il me suivait jusque dans l'étable et se couchait à mes pieds. Quelques caresses sur son dos et je le débarrassais de ses herbes folles qui s'accrochaient à son poil lors de ses escapades nocturnes.

Allez savoir pourquoi je me rappelle encore du nom de ce chien alors que ma mémoire a tant rejeté !

Venait ensuite Suzanne, la femme d'Émile, pour me servir le lait. Une dame énorme avec une jambe plus courte que l'autre, au moins cinq centimètres. Elle se faisait faire des sabots différents, un pour chaque pied, ce qui l'empêchait de boiter. Mais jamais personne, pas même son mari ne l'appelait par son prénom.

Pour tous, elle était « La Bancale ».

Plus petite, j'aimais bien partir avec elle et Moustic, le matin de très bonne heure, mener les vaches dans les prés. Baguette à la main, elle m'apprenait à diriger le troupeau. Elle en tête, et moi derrière, parce qu'il ne fallait pas compter sur le chien pour guider les bêtes, il ne savait faire que le pitre.

J'adorais effectuer ce travail, qui pour moi n'en était pas vraiment un, plutôt un jeu utile. En traversant le village, les souliers crottés jusqu'aux chevilles, je ressentais comme une fierté d'être un peu responsable.

Et puis ce que j'aimais par-dessus tout, c'était les caramels qu'elle avait toujours dans ses poches. La Bancale était gourmande c'est sûr, mais pour mon plus grand bonheur, elle savait aussi partager.

Une fois le pré refermé, on s'asseyait dans l'herbe humide et elle m'apprenait à faire des chapeaux avec des feuilles de roseaux ou de petites chaises avec de longues tiges de chiendent. Là, on engloutissait le premier caramel en écoutant la nature s'éveiller. Je devais trouver à quel animal appartenait tel ou tel cri, tel ou tel sifflement, découvrir aussi d'où provenaient ces stridulations et en nommer bien sûr le propriétaire.

À chaque bonne réponse, un caramel. Un demi pour une réponse à moitié juste et le droit de rejouer pour une étourderie. Autant dire que réfléchir avant de répondre, ça, j'ai appris à le faire.

Puis sur le chemin du retour, on coupait court au silence en taillant de la canne à joncs que l'on transformait en flûtiau. L'une donnait de la voix pendant que l'autre s'époumonait dans son instrument. Et l'on rentrait comme ça, toute en gaîté, elle à un bout du village avec ses sabots dépareillés, et moi à l'autre bout, la bouche toute collante, des animaux plein la tête. J'aimais bien ma vie de petite fille avec elle.

Je n'ai jamais su pourquoi « La Bancale » appréciait tant ma présence. Peut-être que j'étais la seule à vouloir écouter ce qu'elle avait à dire. Pour ma part, je lui ai confié bien plus de petits secrets, fait beaucoup plus de confidences que j'en ai faites à ma mère…

Mais retournons à la ferme, du temps où pleine de bonnes résolutions, j'allais chercher le lait. Il y avait les deux fils Priadou, William et Baptiste.

Le premier, plus âgé que moi de deux paires d'années, était d'une timidité maladive. Dès qu'il m'apercevait en haut de la côte avec mes récipients, il filait plus vite qu'un renard à la traque, s'enfermait dans la maison ou dans la grange et n'en ressortait qu'après mon départ. J'avais beau crier : « *William ! Viens au moins me dire bonjour, je ne vais pas te manger. Allez, sort de là quoi !* » Jamais je n'ai réussi à le déloger. Son frère, d'un an mon aîné, était à l'opposé, collant au possible.

Baptiste était beau gosse et il le savait. Beau, mais pénible. Il pensait, avec beaucoup de prétention qu'il pouvait séduire toutes les filles de la région et dans sa tête, je faisais déjà partie de son tableau de chasse. Sous le prétexte de m'aider à porter le lait, il me raccompagnait jusqu'aux écuries de « Fred le triste », et là, il essayait de m'embrasser, sans succès. Jusqu'au jour où je me suis laissé faire, non pas parce que j'en avais envie, mais parce je pensais qu'après, il me laisserait tranquille.

C'était mon premier baiser sur la bouche et je dois bien avouer que je l'ai trouvé très agréable. Là où ça s'est gâté, c'est quand il essaya de passer sa main sous mon corsage. Le pauvre Baptiste a pris un bon demi-litre de lait sur la tête et il comprit très vite qu'il valait mieux ne pas recommencer.

Alors tous les soirs, il se contentait de me tenir par les épaules, les deux mains bien en vue. C'était la condition pour que je laisse sa langue jouer avec la mienne, ce qui pour moi était déjà beaucoup. Puis je rentrais à la maison, innocente, et je dressais la table pour le repas du soir.

Ce changement de comportement avait rendu ma mère adorable. Elle était devenue souriante, moi agréable à vivre, et aux anges toutes les deux. Mon père ne changea rien, peut-être même qu'il ne remarqua aucun de tous nos bouleversements.

Pourtant, il fallait être aveugle et sourd pour ne pas s'en apercevoir.

Mon frère Thomas continua de ne rien faire. Il était sur la route que lui traçait le père, celle qui ne mène nulle part. Le petit protégé de la famille, l'enfant chéri à son papa, c'était lui. En brassant de l'air, il avait acquis son respect. Plutôt chétif, il ne fallait surtout pas qu'il se fatigue le pauvre petit. À bientôt dix-neuf ans, rien ne l'intéressait. Il était maladroit, étourdi et flegmatique, mon père avait trouvé en lui un allié, quelqu'un avec qui se dessécher la gorge les jours de foire. Les buvettes et les bars pour les autres jours.

Et quand le vin tournait mal, quand de trop boire chassait la honte d'avoir trop bu, lorsque les jambes du père devenaient bâtons de guimauve, alors il avait quelqu'un à qui s'accrocher.

Voilà à quoi servait Thomas, il était celui qui montrait au père le chemin de la maison. Ma mère et moi les laissions vivre en dehors du monde, convaincues que nous ferions bien mieux notre bonheur sans eux.

Douze jours d'entente parfaite, douze à se sourire, à plaisanter, douze de complicité et de respect mutuel. Jamais je n'aurais pensé cela possible.

Mais malgré mes efforts à vouloir devenir une jeune fille adorable, il ne s'est pas écoulé plus d'une heure sans que je fasse entrer Pierre dans mes pensées.

Il prenait encore beaucoup de place en moi. Pourtant, je crois que j'aurais tout de même fini par l'oublier s'il n'était pas venu frapper à notre porte, un vendredi après-midi.

– Bonjour, madame, je suis Pierre Devanel, le peintre. Est-ce que Gisèle est là ?

– Je sais qui vous êtes ! Qu'est-ce que vous lui voulez à ma Gisèle ?

– La dernière fois que j'ai vu votre fille, je n'ai pas été très gentil avec elle, je lui ai dit des choses que je ne pensais pas, alors je voudrais m'excuser.

– Très bien, je lui présenterais vos excuses. Et maintenant partez, j'ai du travail, moi ! Au revoir, Monsieur !

Elle referma la porte brusquement, montrant ainsi au peintre qu'il n'avait pas sa place ici.

Pierre frappa de nouveau.

– Quoi encore !

– Pardonnez-moi d'insister, madame, mais je préférerais lui faire mes excuses moi-même... si ça ne vous dérange pas.

– Si, justement ça me dérange ! se mit à hurler ma mère. Foutez-lui la paix.

Vous n'avez rien fait ici ! Votre place est sur le trottoir à mendier quelque argent. Foutez-moi l'camp, mécréant ou je vous chasse à grands coups de balai !

Pétrifié par le regard assassin de ma mère, Pierre recula de deux ou trois pas.

– Mais, madame, je vous assure que mes intentions sont bonnes, je veux juste...

– Foutez-moi l'camp, j'vous dis, ou bien par Dieu gare à vous !

En la voyant saisir son balai et l'agiter en tous sens, Pierre, dépité, recula de nouveau.

– Dites-lui au moins qu'elle est belle, ça lui fera plaisir.

– Oui c'est ça, je lui dirais. Allez oust !

Puis elle revint à la charge :

– Non, mais dites donc, Monsieur Devanel ! vous croyez peut-être que je vous ai attendu pour dire à ma fille qu'elle est belle ?

Alors il tourna les talons, et ne dit plus un mot.

Que devais-je faire ?

Dissimulée derrière le rideau de ma chambre, fenêtre ouverte, je venais de tout voir, et surtout de tout entendre. J'étais incapable de faire le moindre mouvement. J'aurais voulu crier, je me suis tue. J'aurais voulu me montrer, je suis restée cachée. « *Maman tu exagères, tu ne m'as dit qu'une seule fois que j'étais belle et c'était il n'y a pas longtemps, quelques jours à peine, alors n'en fais pas trop.* »

Je l'ai pensé, mais je suis restée silencieuse.

Quoi qu'il en soit, revoir Pierre et l'entendre si timidement s'excuser me fit battre le cœur. Tel un enfant resté au coin pendant des heures, il me faisait pitié. Mais était-il réellement sincère ? Pensait-il vraiment ce qu'il venait de dire ?

Je le regardais s'éloigner et déjà je sentais toutes mes bonnes résolutions m'échapper. Pourquoi l'ai-je trouvé séduisant à ce moment-là ? Son air triste ? Cette veste blanche, neuve, qu'il avait peut-être achetée pour l'occasion ?

Je ne sais pas. Toujours est-il que l'idée de le laisser partir comme ça me fut insupportable. Oh, je n'en voulais pas à ma mère non, quand elle avait quelque chose à dire, elle le disait, tant pis, si elle blessait.

Elle ne mettait ni les formes ni les manières, on savait tout de suite à qui on avait à faire. C'était sa façon à elle de se faire respecter, mais tout de même, ces excuses m'étaient destinées, c'était donc à moi de les recevoir.

Alors…

… « *Si Pierre se retourne et regarde en direction de la maison, je descends et je vais le voir, maman pourra bien dire ce qu'elle voudra. Sinon je m'allonge sur mon lit, j'ouvre mon livre de conjugaisons, je révise, et tant pis pour les excuses.* »

Bien cachée derrière mon rideau, je me penche légèrement au-dehors et j'observe.

D'un pas très lent, il marche. Une main dans la poche, l'autre tient un journal. De son pied, il tape dans un caillou, le regarde rouler puis s'arrête. Il va se retourner c'est sûr! Non, il dit bonjour à un copain, échange quelques mots. Des mouvements de tête, des sourires pour accompagner les gestes des bras, une tape sur l'épaule pour clore la discussion et Pierre reprend sa nonchalance là où il l'a laissée. Où va-t-il? J'aimerais bien le savoir.

Faire un bout de chemin en sa compagnie, entendre ce qu'il a à me dire. Pourquoi ne se retourne-t-il pas? *Allez Pierre, faites un effort quoi! Un quart de tour suffira. Un quart de tour, et j'accours. Vous n'avez plus qu'une vingtaine de pas à faire, et je vous perds de vue. C'est votre dernière chance de me revoir, alors dépêchez-vous.*

Je trépigne et je me tords les doigts. Je peste, je me mords les lèvres.

Ah non vraiment, merci maman! Tu ne changeras donc jamais... Pierre, je vous le demande, si vous tenez à moi, retournez-vous... Maintenant!

Bon, je ne vous vois plus, alors tant pis pour vous. Et puis après tout, allez au diable!

Sur mon lit, je m'allonge à plat ventre et j'enfouis ma tête dans mon oreiller de plumes. *Ah non, c'est trop bête! Je n'ai qu'à mettre mon orgueil au panier après tout.*

Alors, d'un bond, je me relève, je remets mes chaussures, j'ouvre la porte de ma chambre. Dans le couloir, je fais de grands pas, je descends l'escalier quatre à quatre. Me voici dans la rue à courir à en perdre mon souffle.

Je sais bien qu'elle m'a vue partir, elle sait où je vais, vers qui je cours. Je devine ce qu'elle pense, mais, *ne t'inquiète pas, maman, je sais ce que je fais. Aie confiance en moi pour une fois!*

Il est devant moi et il n'a pas changé son allure. Quatre maisons nous séparent. Je l'appelle, il n'entend pas. Je recommence, je m'égosille.

– Pierre ! Attendez-moi !

Là, je crois que j'ai dû faire sursauter les morts, mais au moins, il m'a entendue. Et à en croire tous les gens qui se retournent sur moi, il n'est pas le seul.

Quoi ! Je n'ai pas le droit d'appeler quelqu'un ?

Pierre, immobile, esquisse un sourire dès qu'il me voit. Je ralentis ma course pour la finir en marchant, et à mesure que j'avance vers lui son visage s'illumine.

– Oh, là, là, quelle course ! dis-je en reprenant mon souffle.

– Je désespérais de ne jamais te revoir, me répond-il. Je suis passé chez toi tout à l'heure. Tu n'y étais pas ?

– Heu… Non, enfin si, j'étais dans ma chambre.

– J'ai parlé à ta maman, elle n'a pas l'air commode, dis donc ! Elle met souvent des coups de balai aux gens qui frappent à sa porte ?

– Non, non, seulement aux artistes. Elle ne les aime pas.

– Ça, j'avais compris, mais je crois qu'elle confond artistes et mendiants. Il faudrait lui expliquer la différence.

– Je les accepte !

– Quoi donc ?

– Vos excuses, je les accepte.

– Vraiment ! Alors tu ne m'en veux pas ?

– Pas le moins du monde… mais ne recommencez pas ! ou plus jamais je ne vous adresserai la parole.

– C'est promis. Plus jamais je ne te dirai que tu es stupide. En plus, je ne le pensais pas, c'est moi qui suis stupide ! Bon, dis-moi… Que fais-tu de ton après-midi ?

– Euh, rien de spécial, pourquoi ?

– J'aimerais te présenter des amis.

Après quelques secondes d'hésitation, je demande :

– Quelle heure est-il ?

Il sort sa montre de son gousset, tape de son doigt sur le cadran, la colle à son oreille puis répond le sourire aux lèvres :

– 14 h 30.

– Alors d'accord, mais il faut que je sois rentrée pour 18 heures, je dois aider ma mère à la cuisine.

– Ne t'inquiète pas, je te raccompagnerai et tu seras à l'heure. Je suis heureux que tu sois venue, je commençais à m'ennuyer sans toi, tu sais !

Il le dit avec une telle sincérité que pas une seconde, je ne doute. Ne sachant que répondre à cela, j'invente :

– Oui, moi aussi je m'ennuyais ! Mais je n'étais pas très bien ces temps-ci, j'étais un peu malade.

– Ah bon ! Pas trop grave, j'espère.

– Non, non ! juste une petite grippe.

– Une grippe ! En plein été ?

– Eh oui, j'attrape toujours un tas de trucs l'été, mais maintenant ça va mieux.

Son air sceptique m'oblige à penser que parfois la vérité vaut mieux que le mensonge. Seulement voilà, la vérité c'était « *Pierre, je vous en veux beaucoup de m'avoir humiliée l'autre jour et j'avais pris la décision de ne jamais vous pardonner* ». Cette vérité-là était-elle bonne à dire ? Non. Meilleur était le mensonge.

– On y va ? me dit-il en posant un bras sur mon épaule.

Peut-être s'agit-il d'un geste d'amitié, mais je le prends comme un geste indélicat. Tout en repoussant gentiment son bras, je réponds, un peu gênée :

– On y va !

Il roule le journal dans sa main, le pointe vers la sortie du village et dit :

– Alors, c'est par là !...

Les amis de Pierre

Nous traversons le petit pont, passons par-dessus quelques murets et coupons à travers champs. Tout en marchant, il me parle de peinture et tente de me faire apercevoir, à l'aide de grands gestes, la lumière que le soleil dépose généreusement sur la cime des arbres. Une fois que je l'ai eu repérée, il m'entraîne sous l'un d'eux et dit :

– Tu vois, ici il n'y a que la pénombre, rien d'autre. La lumière ne descend pas jusque-là. Elle voudrait bien éclairer ce petit bout de terre, c'est l'arbre qui ne veut pas. Mais c'est juste une question de temps. Peindre, c'est tenir compte du temps qui passe. Est-ce que tu comprends cela ? Peindre c'est laisser une trace, une empreinte de ce qui a été au moment même où on l'a peint. Une heure plus tard, tout a changé ! Eh bien sûr, tout est à recommencer.

J'ai un peu de mal à suivre ses explications, mais séduite par son discours, je demande :

– Est-ce qu'on peut peindre les odeurs ?

Nous quittons la pénombre de l'arbre et continuons notre chemin.

– Ça dépend, les odeurs de quoi ?

– Eh bien, toutes les odeurs ! Celles des fleurs, celle de l'eau qui dort, l'agréable odeur du pain et celle du feu de cheminée, l'horrible odeur que l'on a sous les bras quand on transpire… toutes les odeurs quoi ! Et le bruit ! Est-ce qu'on peut peindre le bruit aussi ?

Il m'écoute attentionné, puis il dit :

– C'est difficile de répondre à cela, mais parfois oui, on peut réussir à emprisonner une odeur ou un bruit. Ça dépend surtout de celui qui regarde la toile !

– Le silence aussi, on peut le peindre ?

Il s'assied sur un énorme rocher qui semble avoir été posé là par erreur et m'invite à m'y asseoir aussi. Cachés dans l'ombre de sa casquette, je ne vois pas ses yeux, mais je suis sûre qu'ils brillent à l'idée de me répondre.

– Ah! Je vois où tu veux en venir. En fait, tu me demandes si on peut faire apparaître l'insaisissable, c'est ça?

– Oui.

– Eh bien, ce n'est pas gagné mais en tout cas… on peut toujours essayer!

Je murmure:

– Moi c'est ce que j'aimerais faire, peindre tout ce qui ne se voit pas.

Franc et sans retenue, il éclate de rire et s'écrie:

– Eh bien, si tu te contentes de peindre que ce que personne ne voit, alors tu ne peindras pas grand-chose et tu auras bien du mal à gagner ta vie. Tu ne crois pas?

– Si, mais en tout cas… j'aurais essayé! dis-je d'un air malicieux pour retourner sa moquerie contre lui.

Il étouffe son rire, se remet debout, frotte le pollen agglutiné sur son pantalon. Je lis sur son visage que ma réponse est excellente, mais il ne l'avouera pas. Choisissant plutôt une nouvelle attaque, il me dit:

– Alors tu mourras de faim, et on reconnaîtra ton talent qu'après ta mort, c'est cela que tu veux?

Bien décidée à obtenir le dernier mot, je me lève à mon tour et me place face à lui, bien droite.

– Pierre, je n'ai que quinze ans, alors je ne sais encore pas très bien ce que je veux! Mais une chose est sûre, je sais ce que je ne veux pas!

– Ah bon, vraiment! Et qu'est-ce que tu ne veux pas?

– tre comme tout le monde!

– Mais tu n'es pas comme tout le monde. Penses-tu que je t'emmènerais avec moi si tu l'étais?

Surprise, je l'interroge :

– Qu'ai-je de différent des autres ?

– Tout ! Tout est différent. Ta façon d'être, la manière dont tu parles, la lumière qui émane de tes yeux. Le regard que tu avais l'autre jour en fixant la fontaine… Et si tu veux tout savoir, c'est justement pour cela que je t'emmène là-bas, parce que tu es différente. Alors, on continue notre route ?

Pour montrer que je suis prête à repartir, je place mes deux mains sur mes hanches et d'un pied, je tapote le sol.

– C'est quand vous voulez, moi je vous attends !

– Eh bien, tu ne manques pas d'air, c'est toi qui traînes depuis tout à l'heure.

Tiens, mets ça sur ta tête ! Tu vas finir par attraper une insolation !

Je me retrouve affublée de sa casquette, puis nous reprenons notre marche à travers la campagne.

Il y a quelques clôtures à enjamber, Pierre me porte, me fait passer de l'autre côté et dit :

– Ouh là, mais tu es plus lourde que je ne le pensais !

Puis il mime une grimace, titube sur quelques mètres et, faussement fatigué, il s'écroule dans les herbes. J'affiche un généreux sourire comme il m'a appris à le faire.

– Mais vous n'arrêtez jamais de faire le pitre ? Allez, debout ! Je le prends par le bras pour l'aider à se relever. Il en rajoute et joue le miséreux.

– Merci pour ton aide, jeune fille. Toi au moins, tu as pitié du pauvre mendiant que je suis.

Je comprends l'allusion faite à ma mère, alors d'une voix menaçante je rétorque :

– C'est parce que je n'ai pas de balai sous la main ! Sans ça, je vous l'aurais déjà cassé sur le dos, vermine !

– Oh non, tais-toi ! dit-il en se bouchant les oreilles, cette femme va me faire cauchemarder… Bon ! Parlons peu mais parlons bien. Vu mon grand âge, nous savons tous les deux que tu me dois le respect, pas vrai ?

Ne comprenant pas le pourquoi d'un tel sérieux tout d'un coup, je fais oui de la tête et j'attends la suite.

– Alors fais-moi plaisir, le respect qui m'est dû, oublie-le ! Parce qu'en vérité, moi aussi j'ai quinze ans.

J'éclate de rire.

– Oh, le menteur ! Vous n'avez pas quinze ans, je ne vous crois pas.

– Si, si, je t'assure. C'est que je fais beaucoup plus vieux que mon âge. Alors, à partir de maintenant, tu me dis « Tu » et on devient des amis. C'est d'accord ?

Il me tend la main pour sceller le pacte. Hésitante, je tends la mienne, mais je ne le crois pas, il n'a pas quinze ans.

– Ça va être difficile mais… je vous promets d'essayer.

– Tu n'as pas le choix, sinon je dis à ta mère que tu t'es moquée d'elle !

– Oh non ! ne dites rien, elle me tuerait !

– Cela ne fait aucun doute ! Alors ?

– Alors c'est d'accord.

– Marché conclu ?

– Plutôt deux fois qu'une !

Nos mains claquent l'une contre l'autre, le pacte est scellé. Nous sommes amis maintenant.

Déjà une heure que nous marchons et je me demande où peuvent bien habiter ses amis, il n'y a que des vignes et des prés à vaches à perte de vue. Et s'il me…

Une horrible pensée me traverse l'esprit : *Et s'il me faisait du mal, je fais quoi ? Me débattre ne servirait à rien, il est beaucoup plus fort que moi. Crier ? Qui m'entendra, il n'y a pas âme qui vive par ici.*

Puis une petite voix dans ma tête me dit : *Non mais Gisèle ! Tu n'as pas bientôt fini, chasse-moi cette horrible pensée tout de suite !*

Alors, je la balaye très vite et pour me rassurer, une autre prend sa place : *Impossible, il ne ferait pas de mal à une mouche !*

Soulagée, je demande à Pierre si c'est encore loin.

– Non, on y est presque. Tu vois le chemin de terre là-bas, c'est celui qui mène à Tresseigne.

– Tresseigne ! C'est là que nous allons ?

– Oui, pourquoi, tu connais ?

– C'est le hameau où ma mère est née. Mais depuis qu'elle s'est mariée, elle n'y est jamais retournée.

– Elle est de Tresseigne ? Eh bien, je comprends mieux les raisons de son agressivité maintenant. C'est une effrayée !

– Effrayée ? Je n'comprends pas !

– Je ne t'en dis pas plus, tu jugeras par toi-même en traversant le hameau… Pour quelle raison n'y est-elle jamais retournée ?

- À cause de mon père, il n'est pas vraiment aimé là-bas. Je crois que c'est pour une histoire d'héritage. Mais ma grand-mère y vit toujours, je ne l'ai vue qu'une seule fois, c'était il y a longtemps alors je ne me souviens plus très bien de la tête qu'elle a, mais sa gentillesse, je l'ai gardée en mémoire.

– Tu y es allée seule ?

– Non, avec La Bancale. Elle allait souvent commercer sa paille à Tresseigne. Un jour, elle m'a demandé si je voulais rendre visite à ma grand-mère. Si j'étais d'accord, elle pouvait m'emmener. Elle ne supportait pas que mes parents puissent me l'interdire. Alors en cachette, elle m'a fait monter dans le tombereau, m'a recouverte de paille et ce n'est qu'après avoir passé le village que j'en suis ressortie. Ensuite, je me suis assise près d'elle et c'est moi qui ai guidé le cheval jusqu'à Tresseigne… Enfin je crois.

– Mais quel âge avais-tu ?

– Je ne sais pas, peut-être sept ou huit ans.

– Et tu n'as pas eu peur de te faire houspiller ?

– Moi non, je n'ai jamais eu peur de rien. C'est surtout pour La Bancale que je craignais. Je n'aurais pas aimé qu'on la malmène à cause de moi.

– Eh bien, si tu veux, on pourra aller la voir ensemble cette gentille grand-mère. Comment s'appelle-t-elle ?

– Louise. Louise Cabane, comme une cabane !

– La Louise !!! Ah bin ça par exemple… La Louise ! c'est ta grand-mère ?

– Bin oui ! Pourquoi ?

– Mais alors, je la connais !

– Vraiment ?

– Pour sûr ! Je me rends chez elle au moins deux fois par mois. Elle fait de très bons fromages de chèvres, juste comme je les aime, bien durs ! Elle ne roule pas sur l'or et moi j'adore le fromage, alors chaque fois que je passe par Tresseigne je lui en prends cinq ou six… Tu as raison, c'est une femme vraiment adorable, adorable mais… très bavarde, elle a toujours quelque chose à raconter. D'ailleurs, ce n'est pas dû au hasard si mes amis l'appellent « La Gazette ». La tête qu'elle va faire quand je vais lui montrer quelle jolie jeune fille tu es devenue, parce qu'elle m'a déjà parlé de toi, tu sais !

– Comment voulez-vous que… Pardon ! Comment veux-tu que je le sache, je ne l'ai vue qu'une seule fois.

Il s'arrête un instant de marcher, me regarde d'un air moqueur, puis éclate de rire.

– La gamine qui s'est fait courser par un dindon, alors c'était donc toi ?

– Ah oui, je me rappelle ! Il a fallu que je me réfugie derrière un gros tas de bois pour que cette sacrée bestiole me laisse tranquille. Ce dindon avait déchiqueté tout le bas de ma robe. J'étais pas fière !

– Eh bien, pour quelqu'un qui n'a jamais peur de rien, c'est raté ! Parce que d'après ses dires, la Gazette a mis un sacré bout de temps avant de pouvoir t'extirper de derrière les fagots, tu étais blanche comme une paire de draps neufs, elle en rigole encore... Tiens ! Tu vois la bâtisse là-bas, celle avec les volets bleus au milieu des grands arbres, c'est là qu'elle habite.

– On peut aller la voir ?

– Une autre fois, c'est promis. N'oublie pas que tu dois être de retour à dix-huit heures pour aider ta maman.

– Non, non, je n'oublie pas.

Tresseigne : hameau lunaire où rien ne bouge, pas même un rideau.

Tresseigne : hameau frontière séparant ce qui est vivant de ce qui ne l'est plus. Nous le traversons comme si quelqu'un nous avait demandé de presser le pas et de parler à voix basse afin de ne pas endommager le silence.

Les croix fixées au-dessus des portes donnent aux maisons des allures de tombeaux. Je me demande si l'on ne s'est pas perdus sur les allées d'un cimetière. Chaque façade est équipée d'une meurtrière, même la lumière n'ose s'y aventurer. Sur les murs de clôtures sont érigés, pointes en l'air, des épieux de fer. Du verre pilé jonche le sol, prêt à entailler le premier pied qui voudrait passer outre. Le message est clair, aussi clair qu'un écriteau de bois, mais beaucoup plus efficace : *Passe ton chemin étranger, tu n'es pas le bienvenu en ces lieux.* Alors pour marquer ma déférence, j'ôte ma casquette, qui d'ailleurs est bien trop grande pour ma petite tête.

J'ai presque envie de réciter un « *Je vous salue Marie* » pour interdire à mon âme épouvantée de s'enfuir toutes ailes déployées. Ce village me fait froid dans le dos et c'est tête nue que je veux rendre grâce à Dieu de ne pas être née ici.

Pierre fait de grandes enjambées et j'ai bien du mal à le suivre. Il reste muet, son visage est tendu. Il a perdu son sourire, j'ai aussi perdu le mien. Discrètement, j'essaie de pénétrer du regard l'au-delà des vitres poussiéreuses, dans l'espoir d'y dénicher un semblant de vie. Sur les tables, dans la pénombre des cuisines, ne sont posés que des verres vides. Les salles sont désertes et les chaises inoccupées. Pareil pour les ruelles, les cours et les jardinets. Pas de cris d'enfants ni de linge qui sèche.

Même fanée, pas la moindre petite fleur. Tout laisse à penser que ce village est mort.

Pourtant, il ne l'est pas.

Venant d'une remise en piteux état, quelqu'un a étouffé sa voix dès notre passage. Une voix grave, celle d'un homme, celle d'un fantôme peut-être. Pierre presse le pas. Pour le suivre, je m'accroche à son bras. Quelques mètres plus loin, un ricanement, mais d'un grenier cette fois. J'ai le sentiment que l'on nous observe, je me sens de plus en plus mal à l'aise.

Néanmoins, je n'ai pas peur, je n'ai jamais eu peur de rien. Je voudrais juste quitter cet endroit le plus vite possible. Même le chien que nous croisons, semble lui aussi pressé de fuir ces lieux. Il court comme si le diable des chiens était à ses trousses.

– Mais que se passe-t-il ici ? dis-je à Pierre d'une voix à demi-tremblante.

On les entend mais on ne les voit pas. C'est qui ces gens ?

– Les effrayés ! c'est comme ça qu'on les surnomme. Ça leur va bien, non ? On ne les voit jamais et crois-moi, c'est mieux ainsi. Ils considèrent comme étrangers tous ceux qui ne sont pas de Tresseigne. Ils tolèrent que l'on traverse le hameau mais refusent que l'on s'y arrête. Mieux vaut ne pas traîner. J'en ai fait la douloureuse expérience. Droit devant, il y a une source qui jaillit à même la roche, j'ai tenté un jour de m'y rafraîchir. À peine ai-je eu le temps de m'asperger le visage que trois rudes gaillards me sont tombés dessus. Ils m'ont obligé à déguerpir à grands coups de fourches à foin. Ces gens sont fous, ils ne veulent vivre qu'entre eux ! Est-ce que tu comprends mieux maintenant, pour ta maman ? Elle a été élevée ici, parmi les effrayés, donc effrayée elle aussi. Et à en croire son agressivité, elle l'est toujours. Mais je te rassure, la Louise n'est pas comme ça, c'est même tout le contraire.

– Et tes amis habitent ici, dans ce hameau de fous ?

Il lève les yeux et pointe du doigt une immense bâtisse sur la crête.

– Non ! Regarde la grande ferme là-haut, tu la vois ? C'est là qu'ils vivent.

C'est suffisamment éloigné de Tresseigne pour qu'on leur fiche la paix. Allez courage, encore quelques grandes enjambées et tu vas pouvoir pénétrer dans le « Jardin d'Éden »...

Nous quittons enfin ce maudit village.

Sur des sentiers herbeux et caillouteux, nous ralentissons notre allure. Pierre, malgré mes multiples demandes sur les raisons de cette visite à ses amis, ne me dira rien, pas même un mot pour me rassurer. Mais ce dont je suis sûre, c'est qu'il est heureux de m'y emmener. Fier de ma présence, il chantonne...

Jamais encore, je n'avais posé les yeux sur une telle beauté. Les amis de Pierre s'étaient emparés d'une colline tout entière et l'avaient enjolivée à merveille.

Dominant la vallée, ce jardin ouvert sur le monde semblait insulter la laideur d'en bas à grands coups de pétales de roses, de fuchsias palissés et de volubilis amoureux. Les géraniums-lierres prenaient appui sur les piliers des granges, tapissaient le bord des tuiles, longeaient les chéneaux, avant de retomber en cascades, en grappes rouges jusqu'au sol. Face à deux grands ifs, des haies d'hortensias, bien ordonnées. Aux pieds des murs, une armée de lupins hirsutes montait la garde jusqu'au puits, lui-même ombragé par des fougères arborescentes. Près de la gloriette en fer forgé, un saule déversait les larmes bleues des clématites. Partout, de petites fleurs à peine écloses revêtaient le sol pentu. Sans grille ni clôture, ce jardin faisait, sans le vouloir vraiment, un pied-de-nez aux effrayés. On pouvait presque l'entendre crier : *Restez donc en bas avec votre hostilité, vos craintes, avec votre disgrâce.* Il n'y avait pas un endroit, pas le moindre petit morceau de terre qui n'ait pas sa tâche de couleur. Rien, absolument rien n'était laissé à la sauvagerie insensée de la nature.

Josépha, Ève, Livia, Angeline... Chaque pierre posée à plat sur le sol était sculptée d'un prénom féminin. Elles serpentaient au travers de ce paradis qui semblait sans limites, me laissant découvrir à chaque nouvelle courbe, l'inattendu, l'insaisissable. Curieuse, je me suis laissée guider par ce chemin de pierres en citant un à un leur prénom...

Jusqu'à la dernière, pierre de marbre rose au prénom fraîchement ciselé, encore poussiéreuse ; GISÈLE !...

– Eh oui ! Je suis peintre, et aussi un peu sculpteur.

Trop émue pour répondre, je me suis jetée dans ses bras. Par pudeur, peut-être par respect, il ne tenta pas de les refermer, laissant à mon corps la liberté d'y rester ou de m'en écarter. Quand nos deux joues furent l'une contre l'autre, ma bouche à son oreille a balbutié :

– Merci, c'est... c'est magnifique.

Là, il osa faire descendre une main sur ma taille, puis la seconde, et sa bouche à mon oreille a murmuré :

– Bienvenue parmi nous.

Nous sommes face à une immense bâtisse, enserrée de toutes parts, par des arbres sûrement centenaires. Elle est toute habillée de vigne vierge, du parterre entaché de bleu, jusqu'aux tuiles. Une brèche dans le feuillage laisse apparaître une vieille et lourde porte. Par des lames de bois disjointes, ravaudées, clouées, rivetées, elle veut faire croire qu'elle peut encore jouer son rôle de sentinelle. La vérité la fait crier : *Ne me brusquez pas, je n'en peux plus !* Au-dessus d'elle, sur des lianes entremêlées, sont venues s'accrocher les lettres fleuries du mot « ÉDEN. »

Une joie de vivre s'échappe par les fenêtres grandes ouvertes. Un homme chante, un autre siffle.

Une femme s'égosille.

– Le café est prêt!

Quelqu'un laisse tomber des outils sur le sol. Des bruits de pas résonnent sur ce qui semble être un escalier. Des chaises se tirent, des portes s'ouvrent, grincent, se referment. Dans les verres, les petites cuillères s'animent, quelqu'un demande du sucre.

Pierre, avec précaution, saisit le heurtoir, frappe trois coups, tourne la poignée, et comme s'il soutenait le bras d'une vieille dame, ouvre la porte et me laisse entrer la première. Il la referme derrière lui et par une douce mélodie grinçante, elle remercie l'homme d'avoir pris soin d'elle.

Un long couloir voûté s'amuse à faire écho de nos pas. Les murs blanchis à la chaux sont poussiéreux mais l'air y est frais. Il me glisse sur le visage ainsi que sur mes bras nus comme un gant d'eau froide. Le sol carrelé, entaché de peinture, est parsemé de feuilles de papier froissées.

Pierre me regarde, affiche un air gêné.

– Si j'avais su que tu viendrais aujourd'hui, j'aurai pris le temps de faire un peu de ménage.

Encore tout émerveillée par l'incroyable beauté du dehors, je réponds:

– Pas de problème, je me sens si bien ici!

Par une succession d'arcades, nous nous dirigeons vers la bouche d'une salle que je devine immense, une bouche d'où s'évade l'haleine tiède du café.

– Bonjour à tous. Je vous présente Gisèle!

Je ne m'étais pas trompée, la salle est immense et presque vide. Blottis dans un coin, douze hommes et deux femmes attablés me regardent. Brusquement intimidée, je lance un bonjour. Ma gorge est serrée, il s'étouffe. Oh non! Maintenant, je rougis!

J'ai le feu sur mes joues comme si j'avais reçu une paire de claques.

En silence, je demande à mes jambes de ne pas trembler, à mon cœur d'arrêter de faire des bonds, à ma bouche et à mes yeux de retrouver leurs sourires au plus vite. Seuls mes yeux ont pitié de moi. Pour ne pas avoir à croiser ceux des autres, je les laisse déambuler dans la pièce avec une infinie lenteur. Ils glissent sur des toiles signées Devanel, Mussy, Delcourt, posées à même le sol, entre des bustes sculptés et des visages burinés.

Maintenant il faudrait vraiment que quelqu'un se décide à parler, parce que moi je ne peux vraiment pas, ma timidité m'a rendue muette…

Une voix résonne enfin, celle d'une femme :

– Bonjour, Gisèle, soit la bienvenue. Veux-tu boire quelque chose ?

– Oui, je veux bien un grand verre d'eau fraîche, s'il vous plaît, madame.

– Mais ne reste pas plantée dans ton coin ! Prends une chaise et viens donc t'asseoir avec nous ! Allez, viens… Moi c'est Lucie.

Accompagnée de Pierre, je m'approche. L'autre femme prend la parole.

– Moi, c'est Gabrielle, mais tu peux m'appeler Gaby.

Elle tire une chaise de sous la table et je m'assois. On m'apporte mon verre d'eau que je bois d'une seule traite, puis un deuxième.

Chacun à leur tour, les hommes se lèvent et se présentent. Certains me serrent la main, d'autres plus galants me font le baisemain. Mes jambes retrouvent le repos, Gisèle retrouve enfin sa vraie nature. Elle se sent très bien parmi ses nouveaux amis et veut, plus que jamais, apprendre à aimer les gens, surtout ceux-là.

Les uns sont sculpteur ou musicien, les autres, poète, peintre, il y a même un jongleur. Chacun me parle de son art respectif, avec passion.

Puis ils me font visiter les ateliers. Quelqu'un me dit que c'est encore en chantier mais que d'ici deux à trois mois, tout sera fini. Enfin, ils pourront travailler sérieusement.

– Puis par la suite, on prévoit d'ouvrir une école artistique où les petits comme les grands pourront prendre des cours dans le domaine qu'ils désirent, dit Poète avec des yeux de la taille de ses rêves.

– Peut-être même qu'on fera entrer le théâtre dans nos locaux, dit un autre.

– Oui, à condition de trouver un bon prof! rétorque Pierre en se moquant de lui, parce que toi, à part faire joujou avec tes quilles et tes balles, tu ne connais pas grand-chose! Alors le théâtre!

– Parce que toi tu connais peut-être?

– Non, c'est pour ça que je dis qu'il faudrait un bon prof!

C'est au tour de Sculpteur de prendre la parole.

– Y a qu'à demander aux effrayés, dans la dramatique, ils ont l'air assez bon je trouve!

– Ah ouais! et c'est toi qui vas aller leur demander? N'oublie pas ton armure alors! répond Jongleur en marchant comme un chevalier tout de fer vêtu.

L'autre rigole, puis reprenant son sérieux, réplique:

– On a qu'à envoyer Gisèle en éclaireur, peut-être qu'ils ne lui feront rien à elle!

– Ah non, pas moi! Je me trouve un peu trop jeune pour mourir.

Lucie me prend par le bras pour me montrer les chambres à l'étage.

– Tu vois, certains dorment ici quelque temps. La journée, ils s'occupent de faire avancer les travaux puis retournent chez eux, et d'autres prennent le relais. On n'a pas assez de chambres pour tout le monde, alors on fait un roulement.

– Qu'est-ce que vous faites dans la vie, Lucie? À part faire le café bien sûr!

– Tu sais, ici tout le monde se tutoie, alors fais de même ! répliqua-t-elle, comme si mes mots l'avaient offensée. Je suis peintre. Les toiles que tu as vues en bas, celles signées Delcourt, eh bien, c'est moi. Tu aimes ?

– J'avoue que je les ai vues sans les voir, j'étais vraiment intimidée. Mais je te promets de les regarder plus en détail. Et Gaby, qu'est-ce qu'elle fait ?

– Gaby n'est pas une artiste. Elle est ici en convalescence. Elle n'est pas artiste et elle ne veut pas l'être, pourtant elle possède un incroyable don.

– Ah oui, lequel ?

– La colline, le jardin, les fleurs, tout ça c'est Gaby. Elle y passe ses journées, parfois même ses nuits, elle dit que ça l'aide à ne pas penser.

– En convalescence ? Pourquoi, elle était malade ?

– Oui, mais ne t'inquiète pas, ce n'est pas contagieux. C'est la vie qui l'a rendue malade. Son séjour parmi nous lui a fait le plus grand bien. Une dernière chose, ne lui pose pas de question, je crois qu'elle n'est pas encore prête à répondre.

Nous redescendons par un autre escalier. Cette bâtisse est vraiment immense, on pourrait presque s'y perdre.

– Quel âge as-tu ? me demande Lucie.

– Je vais avoir seize ans le mois prochain, le sept !

– Seize ans ? Eh bien ! à te voir, on a du mal à le croire. Pierre nous a parlé de toi mais ne nous a pas dit que tu étais si jeune. Moi, je t'aurais donné volontiers quatre ou cinq ans de plus, tu es vraiment très belle, Gisèle, sincèrement !

Belle, j'adore entendre ce mot, surtout quand il m'est destiné. Et encore plus quand c'est une femme qui me le dit. Parce que les femmes savent ce que représente la beauté, elles la manient quotidiennement devant leurs miroirs.

Je ne parle pas des femmes de mon village qui, depuis qu'elles se sont mariées, n'attachent plus d'importance à ce genre de choses. Pour elles, la joliesse n'est plus à l'ordre du jour, elle s'apparente plus à du superflu qu'à une nécessité. Je dirais même qu'elles s'enlaidissent volontairement pour que leurs époux les oublient un peu.

Mais pour les autres femmes, celles qui comme Lucie prennent soin de leur apparence, ces femmes-là savent comment gommer les petites imperfections, ou tout du moins, comment en tirer partie. Alors, quand une dit à l'autre qu'elle est belle, je pense vraiment qu'il faut la croire. Je lui retourne le compliment.

– Merci, Lucie, tu es très jolie aussi.

– Ne te moque pas de moi. À quarante ans, on passe un temps fou à essayer de l'être, mais on ne l'est plus, on devient juste… séduisante !

Charmante réflexion, mais je trouve quand même que Lucie est très jolie… Et séduisante aussi ! Ne sachant que dire, je souris.

Puis nous retournons auprès des autres qui se sont à nouveau regroupés autour de la table. Un des trois poètes me demande si je veux dîner ici, ce soir. Pierre se lève et prend la parole, ne me laissant pas le temps de répondre.

– Non, il faut qu'elle soit rentrée chez elle pour dix-huit heures.

Il sort sa montre de son gousset et par habitude, tapote sur le cadran, la colle à son oreille. D'un air désespéré, il soupire.

– D'ailleurs, on devrait déjà être partis. Gisèle, il faut y aller.

D'un geste de la main, je dis au revoir à tout le monde. Pierre remet sa veste et sa casquette. Jongleur m'interpelle :

– Tu reviens quand tu veux, Giz, on est tous d'accord pour te faire une petite place parmi nous !

Ils acquiescent tous par un mouvement de la tête. Touchée, je réponds :

– Alors… À très bientôt !

Gaby, silencieuse, nous raccompagne. Dans ce long couloir, j'en profite pour la complimenter sur l'incroyable beauté de son jardin. Gênée, elle baisse les yeux. Ce n'est qu'une fois passée la porte qu'elle se décidera à parler.

– Attends, Gisèle ! attends !

Elle court comme une petite fille après un papillon, et près de la pierre plate nommée « Clotilde », cueille une petite fleur bleue, la respire, et s'excuse auprès d'elle de l'avoir coupée en ajoutant :

– C'est pour offrir à une fée.

Elle me la donne.

– Tiens, c'est pour toi. C'est une Ancolie, il paraît que ça porte-bonheur.

Regarde, elle est de la même couleur que tes yeux !

Malgré son sourire et sa voix douce, quelque chose ne va pas.

Je lis sur son visage une profonde tristesse, coupant court à mon envie d'être heureuse. C'est Gaby qui est face à moi, et non(,) Gabrielle. Gabrielle est rayonnante, je le sais, c'est elle qui, il y a une heure, m'a reçue. Mais c'est Gaby que je vais quitter, c'est elle qui traîne en détresse une âme convalescente, pas Gabrielle.

De quel horrible mal pouvait bien souffrir Gabrielle pour mettre Gaby dans cet état ?

– Allez, Gisèle, dépêche-toi où tu ne seras pas à l'heure !

– Oui, Pierre, j'arrive !

Pour la remercier de ce porte-bonheur, je lui fais un bisou.

– À bientôt.

Elle passe sa main dans mes cheveux, les respire, les tourne dans ses doigts. Des larmes gagnent le bord de ses yeux, elle lutte, se défend, se bat contre sa peine.

– Ils sont… beaux, tes cheveux !

Puis elle me serre dans ses bras. Je sens naître dans son ventre des sanglots mais ils n'éclateront pas, elle les étouffe.

– J'espère que tu reviendras.

– Je reviendrai, c'est promis.

Son mal-être m'accable. Si je le pouvais, pour la soulager, je donnerais mes deux chats contre la moitié de sa souffrance.

Comme une rose prête à faner, Gaby se pose sur un petit monticule de terre et nous regarde nous éloigner. Moi, je ne comprends pas ce qui vient de se passer. Je ne la connais qu'à peine et pourtant, je voudrais l'aider à mettre fin à ses tourments.

Alors, je ne lui ferais pas l'affront de me retourner, ni même de lui faire un signe d'au revoir, car pour elle comme pour moi, ça n'en serait que plus dur.

Sur le chemin du retour, elle est dans mes pensées, omniprésente, et la compagnie de Pierre n'y change rien. Rien n'effacera de ma mémoire le triste visage de Gaby.

Il est dix-huit heures cinq, je rentre à la maison. Je sais, au visage endurci de ma mère, qu'elle m'en veut d'être sortie.

Eh bien oui, je suis sortie ! Ne t'en déplaise, tant pis ! Je ne suis pas allée chercher le lait, et je n'irai pas. Je n'ouvrirais pas non plus mon livre à la page des conjugaisons.

Et puis s'ils veulent dîner, ils ont plus qu'intérêt à se bouger un peu, parce que ce soir, moi, je ne ferai rien ! Ce soir, je me repose et je réfléchis.

Ils sont là comme de lugubres vautours, affamés, attendant que je me mette au travail pour que je puisse enfin leur donner de quoi les rassasier. Adossée aux fourneaux, bras croisés, je les observe du coin de l'œil.

Quel spectacle !

Mon frère, avec ses cheveux sales, avachi dans l'angle de son mur favori, les mains dans les poches, mou du bec et attifé comme un épouvantail.

Ma mère, avec sa bouche tombante comme les pis d'une vache, parce que trop lourde d'amertumes.

Mon père, maigre à faire peur qu'il en trompe la mort, incapable de faire trois pas sans que ses jambes ne bégaient.

Ah ! Quel joli tableau que la famille Darnault ! Quel spectacle !

Et c'est ce sang-là qui coule en moi ? Si la honte pouvait se monnayer, on m'appellerait Fortuné. Ce soir, de la honte, j'en ai plus que je ne suis capable d'en porter.

Quand je pense qu'ils ont failli m'avoir ! Eh bien, c'est raté ! Je ne veux pas de cette vie-là.

Ça non ! Je ne deviendrai pas comme eux, jamais ! Alors, c'est sans moi qu'ils passeront à table. Moi, je dîne dans ma chambre, en tête à tête avec Gaby, j'ai un tas de choses à lui confier, des sentiments à démêler. Et puis il y a Pierre, il vient me chercher demain à huit heures, alors il ne faut pas que je me couche trop tard.

Inutile de préciser que la soirée fut plus que tendue, mais j'ai tenu bon. Et tous les jours qui ont suivi se sont faits glacials. On ne me parlait plus, on ne me voyait plus. Au sein de la famille Darnault, j'étais devenue inexistante. Je pouvais aller et venir sans qu'on me l'interdise, rentrer ou ne pas rentrer, cela leur était égal.

Ils campaient sur leurs positions, convaincus que m'ignorer était la meilleure des solutions. Pourtant, je jure que ce n'était pas ce que je voulais. Moi je désirais juste qu'ils comprennent, qu'ils admettent que je n'étais pas comme eux, différente en tous points.

Quelques jours plus tard, emportés par leur désir de me voir m'agenouiller en faisant de plates excuses, ils prirent des mesures draconiennes. Ne plus se parler pour la vie demandait un certain courage, ils l'ont eu, et moi je n'ai pu trouver la volonté de leur pardonner. Pour parjurer leur fille au point de ne plus jamais vouloir la revoir, il fallait que la rancœur soit grande, elle l'était, démesurément.

J'avais de nouveaux amis avec qui je pouvais rire et faire l'imbécile, sans pour cela passer pour une dévergondée, le reste n'avait plus aucune importance. Petit à petit, je me forgeais une nouvelle famille, une nouvelle vie, de nouveaux espoirs. Je voyais se dessiner, enfin, ce qui était ancré en moi depuis toujours. Pour tous, je devenais la petite sœur, celle qu'il fallait protéger. Ils me faisaient doucement grandir et c'est sans regrets que je laissais derrière moi l'enfance.

La famille Darnault pouvait bien maintenant disparaître, je ne me serai sentie que plus libre encore.

Pierre habitait une petite maison à quelques kilomètres de la Colombière, une maison qui lui ressemblait beaucoup, simple et souriante, ouverte et violonante. Mis à part le coin où il dormait, les murs étaient tapissés de toiles, du sol jusqu'au plafond. La cuisine était un désordre permanent. L'évier, toujours engorgé de vaisselles sales, semblait faire concurrence à la table encombrée de bouteilles vides. Mais c'était son désordre et il s'y complaisait. Et si par malheur quelqu'un de bien intentionné venait à tout chambouler, alors il était perdu et sa bonne humeur fondait comme neige au soleil.

Le chemin jusqu'à l'Éden, il le faisait chaque jour à pied et parfois le soir, quand là-bas aucune chambre n'était disponible, je faisais route avec lui.

Puisque la maison de mes parents m'était maintenant interdite, il avait installé pour moi un lit dans un coin de son grenier. C'était le seul endroit où il restait encore un peu de place et cela m'allait très bien. J'avais pour me couvrir la petite couverture de laine sur laquelle je m'étais assise un matin, près de la fontaine.

Ce petit carré de douceur a depuis toujours accompagné mes nuits, et je l'aurai encore le jour où je rendrais l'âme.

Pierre était très respectueux et à aucun moment, il n'eut de gestes déplacés, s'excusant même quand son corps frôlait le mien. Nos soirées, nous les passions dans la cour, assis sous un sycomore. Il me faisait partager l'histoire de sa vie, ne dévoilant seulement que les moments de bonheur, ses voyages, ses amours et ses amis. Les jours de tristesses et les cortèges de mélancolie, il les gardait pour lui.

De temps à autre, quand sa mémoire le faisait buter sur l'un d'eux, c'est d'un geste du bras qu'il le chassait en me disant :

– Mais je crois que je t'agace avec mes histoires !

– Oh non, Pierre, au contraire, parle-moi encore. Qu'est-ce qui s'est passé après ?

Alors il reprenait, heureux de revivre un passé qu'il semblait regretter.

Attentive, je me laissais emporter dans les bribes de son existence comme si j'y avais moi-même été présente. Il ouvrait grand le portail de ses souvenirs et je m'y engouffrais comme un courant d'air. À côté de la sienne, ma vie me paraissait si courte, insignifiante, creuse comme un brin de paille. J'avais presque honte d'être aussi jeune, si pauvre en aventure, désolée de n'avoir que peu d'histoires à raconter.

Peu à peu, la nuit nous enfermait dans son enclos d'étoiles. Il se reflétait dans les yeux de Pierre comme les flammes d'un feu de camp sur l'eau d'un lac, ce qui rendait ses récits quelque peu magiques.

Suspendue à ses lèvres, je voulais tout connaître de lui, de ce qu'il avait été. J'avais toujours pensé que la vie d'un artiste devait être riche en anecdotes, et celle de Pierre était intarissable. Mes questions, quelquefois indiscrètes, le mettaient parfois mal à l'aise mais il trouvait toujours une issue. Il me répondait tout en pudeur et toujours avec le sourire. Toutes les précautions étaient prises pour que jamais je ne sois choquée.

Si j'avais vécu au temps de sa jeunesse, je l'aurai aimé pareillement.

Le père que je cherchais petit à petit disparaissait, comme si je voulais le perdre en chemin. Je ne voyais déjà plus le peintre, pas même l'ami. Je me sentais irrésistiblement attirée par l'homme. Sans même me prévenir, mon cœur avait effacé d'un coup les années qui nous séparaient. Tout en l'écoutant déplier son passé comme un éventail, quelque chose en lui m'aspirait. Je regardais ses mains papillonner dans la tiédeur de la nuit et je les imaginais se posant sur mes joues, mon cou, puis sur mes seins, mon ventre. Quand je regardais sa bouche, je la voulais posée sur la mienne.

Emportée par un désir que je ne comprenais pas vraiment, un soir je me suis rapprochée doucement de lui, avec au moins l'espoir de pouvoir poser ma tête sur son épaule. J'étais si proche que je parvins même à sentir l'odeur de son savon à barbe. Là, j'ai basculé ma tête sur le côté et sans bouger, il me laissa me blottir au creux de son cou. Je ne savais que faire de mes mains, je les mis l'une contre l'autre. Il ne savait que faire des siennes, alors il alluma une cigarette. C'est fou comme deux mains peuvent être encombrantes quand on n'ose pas les faire s'aventurer plus loin que nous l'interdit la morale. Un instant, j'ai pensé pouvoir les glisser sous sa chemise entrouverte mais je ne l'ai pas fait, j'ai eu peur. Peur de moi, peur de lui, peur de sa réaction. Peur qu'il me chasse ou qu'il me prenne pour une traînée. Peur aussi qu'il me fasse l'amour.

Pourtant j'en avais envie, c'est même cela que j'attendais. Je ne l'avais encore jamais fait mais mon ventre me faisait savoir que j'étais prête. Blottis l'un contre l'autre, je crois qu'aucun de nous deux ne voulait que cet instant s'arrête. J'avais les yeux fermés et je me laissais bercer par les battements de son cœur. Il y avait tellement longtemps que je ne m'étais pas sentie aussi bien. J'aurais passé la nuit entière tout contre lui, peut-être même que je me serais endormie si sa voix n'avait pas fini par ébrécher le silence.

– Tu es fatiguée ?

– Non, je voudrais rester comme ça pour la vie entière.

Puis je passais mes bras autour de sa taille, accompagnant mon geste d'un bisou dans son cou. Mal à l'aise, il dit :

– Et alors fillette, sais-tu ce que tu es en train de faire ?

– Oui !

Et je confirme par un autre bisou, puis un troisième. Je remonte sur sa bouche et je l'oblige à s'allonger. J'écarte lentement les revers de sa chemise et je pose délicatement mes lèvres sur son torse. Sa respiration s'accélère, il me caresse les cheveux. De mes baisers, je l'encercle, de mes mains, je le rends vulnérable. Ne sachant pas très bien ce que je dois faire, je le pousse à avoir envie de moi comme si je connaissais tout de l'amour. Alors j'improvise, j'alterne bisous et caresse, je crois même que je me débrouille bien. Je fais tout ce que j'aimerais qu'il me fasse. J'envisage de laisser mes mains descendre encore, mais peut-être que c'est trop tôt, et puis, je n'ose plus. Il y a trop de distance encore entre ce que j'aimerais faire et ce dont je suis capable, alors je continue à l'ensevelir sous mes baisers. Il murmure :

– Oh, Gisèle, ne fais pas ça. Gisèle…

Je fais comme si je ne l'entendais pas et je m'applique à être aimante. De toute façon, je ne peux pas m'arrêter, j'ai trop envie qu'il me touche, partout.

Ce soir, faire l'amour est ce dont j'ai le plus envie. Je veux tout savoir et c'est avec lui que je veux le faire pour la première fois. Mais je n'arrive pas à l'entraîner dans mon désir, pourquoi ne se laisse-t-il pas aller ? Peut-être que je m'y prends mal. Peut-être faudrait-il que je me déshabille pour qu'il comprenne que je suis à lui, toute offerte.

Alors je me mets debout et en partant du haut, je délie les lacets de ma robe, je prends mon temps. Puis je la fais glisser, laissant nus mes épaules, mes seins. Je la fais descendre encore, jusqu'aux hanches. Je respire profondément pour dissiper la gêne à me dénuder pour la première fois devant un homme, et je la lâche. Elle tombe à mes pieds. Mais elle n'entraîne pas les yeux de Pierre vers le bas, il les laisse dans les miens. Pourquoi reste-t-il insensible, que puis-je faire de plus pour qu'il me désire ? Je l'interroge :

– Je ne te plais pas, c'est ça ?

Alors à son tour, il se remet debout et tout en rehaussant ma robe jusque sur mes épaules, il dit :

– Tu as quinze ans et moi cinquante et un, tu ne trouves pas que la différence est énorme ? Il y a plein de petits jeunes au village qui n'attendent qu'un mot de ta part pour te sauter dessus. Le jeune Baptiste par exemple. Je l'ai déjà vu te tourner autour. Alors, pourquoi moi ?...

C'est vrai qu'au village, certains, et pas que des jeunes, auraient payé cher pour que je me déshabille devant eux comme je venais de le faire pour Pierre. Me voir nue leur aurait donné matière à rêver. Ils y auraient pris du plaisir, c'est certain, mais pas moi. Aucun d'eux ne m'attirait. Aucun d'eux ne me faisait frémir autant que Pierre.

Tous se sentaient obligés de faire les fiers, de parader devant moi comme de vrais petits coqs de basse-cour, alors que la réalité les voulait moches et naïfs. Celui que j'aimais était bien plus âgé que moi certes, mais les années ne l'avaient pas enlaidi, bien au contraire. Elles se sont appliquées à le rendre beau quand pour les autres, elles s'acharnaient à les dénaturer. Alors, malgré la gêne à lui dévoiler mon corps, ce que j'ai ressenti n'avait rien de déplaisant.

J'ai vu s'éveiller en moi la femme que je devenais et qui prenait plaisir à déranger les bonnes mœurs. Enfin, celles que l'on m'avait inculquées depuis ma plus tendre enfance : *Ne pas aguicher les garçons et ne pas leur sourire sans raisons.* Et puis : *Prendre garde à bien boutonner son corsage, ne pas leur montrer plus de quelques centimètres de la peau de nos jambes et de nos bras.* Et encore celle-ci : *Sur nos yeux, point de maquillage et si l'on sort, ne pas oublier de s'attacher les cheveux.* Mais également et surtout : *Ne pas se laisser emporter par le flot des mauvaises pensées, impures et pernicieuses, qui font descendre nos doigts jusqu'au centre de notre plaisir.*

Ce soir-là, je n'avais que faire de mes doigts, je les trouvais inutiles et bien trop petits. Laisser à ceux de Pierre la joie de me découvrir, voilà ce que je voulais. Qu'il les laisse aller là où bon lui semblerait, c'est ce que la femme qui était en moi désirait. Je n'ai fait que secouer l'arbre de la morale établie pour que s'écrasent au sol les fruits pourris. Alors, si j'ai déclenché les foudres du ciel, tant pis pour le bon Dieu, et tant pis pour mon âme.

En aucun cas, je n'aurais renoncé à ce dont j'avais le plus envie… Pierre…

Je sais que votre imaginaire a, déjà, façonné son image selon vos critères. Mais, mis à part le sourire que vous lui avez scellé au coin des yeux, désolée de vous décevoir, Pierre les avait gris vert, effilés comme deux amandes.

Ses cheveux noirs et très longs étaient noués dans son dos par un morceau d'étoffe de la même couleur. Les ridules qui s'étaient accrochées à son visage lui donnaient l'air d'être heureux, et rien ne pouvait déstabiliser cette joie de vivre. Elle paraissait permanente et indestructible. Pas de barbe, pas de moustache, son dos n'était pas voûté. C'est bien droit qu'il se tenait, sur un corps plutôt athlétique. Son regard caressait tout ce qui passait à sa portée, l'inerte comme le vivant.

La douceur de sa voix portait grâce comme Dieu sa bonté. Pierre allait dans la vie, la nonchalance au bout des pieds, tel un promeneur sans cesse émerveillé par la diversité des paysages qu'il rencontre. Un promeneur que personne n'attend. Et moi, j'avais bien l'intention de faire un bout de route en sa compagnie. Voilà l'image que Pierre Devanel véhiculait.

Il émanait de lui une infinie tendresse dans laquelle j'aimais à me perdre. À ses côtés, je faisais la paix avec le reste du monde. J'avais tant de mots à apprendre aux silences de sa voix, tant de secrets à découvrir. Le premier qui s'est offert à moi fut celui-ci, et je l'ai vite compris : *Pour aimer et se faire aimer, c'est à voix basse qu'il faut parler. Toujours donner à nos mots, le repos. Faire que nos dires apaisent et réchauffent, vaudra toujours mieux que tout le vacarme d'une menue colère.*

Moi qui dans la vie contestais sans cesse, je venais de déchiffrer l'essentiel de sa vie et sa façon de la concevoir. Il fallait être en totale harmonie avec tout ce qui nous entoure, ne pas faire plus de bruit que la nature n'en fait. Ne pas essayer de se faire ni plus grande, ni plus belle qu'elle. Ce secret changea littéralement le cours de ma vie. Désormais, je me sentais prête à les aimer, aimer les gens autant que les chats. Prête à les aimer, mais pas de coucher avec eux, j'avais moi aussi mes limites !...

– Baptiste ? dis-je en souriant, mais Baptiste ne m'intéresse pas ! Il est arrogant et bien trop sûr de lui. Quant aux autres, ceux de mon âge, parlons-en ! Petit Paul avec ses pantalons trop longs a toujours les yeux collés et le nez qui coule. Richard laisse son odeur de fumier partout où il passe. Jacques ne peut pas faire trois pas sans sa mère, et son frère a dû grandir dans une gouttière tellement il est maigre. Serge est très gentil, élégant et plein d'humour, mais il fait trois fois mon poids. Alors tu vois, Pierre, je n'ai guère le choix.

Dans ses yeux, j'ai vu des lumières de bonheur, des étoiles s'effilocher, du plaisir. En me prenant la main, il me fit faire quelques pas.

– Moi aussi, je me sens bien quand tu es là et j'aime te savoir à mes côtés. Mais te rends-tu compte de ce que tu me demandes ? Te faire l'amour me pose un vrai cas de conscience. Tu es si jeune ! Pourtant, moi aussi j'en ai envie, et ce, depuis le premier jour où tu es venue me voir sur la place. As-tu réfléchi à ce qu'ils vont dire au village ? Et tes parents, tu y as pensé ? Et moi ! Songe que je vais passer à coup sûr pour un vieux satyre !

– Qu'importe ce qu'ils diront, ça n'a aucune importance pour moi, tu sais ! Et puis, à bien y réfléchir, il vaut mieux faire l'amour avec quelqu'un que l'on aime plutôt qu'avec quelqu'un que l'on estime, tu ne crois pas ?

Perdu dans le ciel obscur, il prit quelques secondes de réflexion. Embarrassé, il tourna plusieurs fois la tête de droite et de gauche et soupira avant de répondre :

– Tu es vraiment incroyable, toi ! Tu ne cesseras jamais de me surprendre. Bien sûr que je le crois, et je dirais même que tu m'as convaincu. Mais ne va pas t'imaginer des choses, ne crois pas que tu as gagné. Je te laisse encore toute la nuit pour y penser et demain, c'est toi, et toi seule qui prendras la décision. D'accord ?

– D'accord ! dis-je sans hésitation aucune. Alors je monte me coucher, et comme ça, si j'arrive à trouver le sommeil, la nuit passera plus vite ! À demain.

– À demain.

Et je l'ai planté là, comme un noyau d'abricot, debout sous son sycomore, en souriant à l'idée que le lendemain, je lui accorderai le droit de me faire l'amour. Et je n'ai eu nul besoin de temps pour y réfléchir. Bien entendu, j'ai cherché le sommeil toute la nuit, je ne l'ai pas trouvé.

Comme ils sont drôles tous ces souvenirs, comme ils sont beaux aussi.

Ils viennent à moi sans aucune difficulté. Il me suffit simplement de fermer les yeux et ils sont là, juste derrière mes paupières, prêts à s'animer, réclamant le droit de vivre une seconde fois.

Celui qui vient implore sa renaissance depuis quelques minutes et déjà je sais, par les fourmillements qui me traversent, qu'il fait partie des plus agréables.

Je crois que ce sont les mains de Pierre qui viennent de se poser sur moi. Qui d'autre oserait me toucher comme cela, puisqu'à jamais il aura été le seul, le seul à qui j'ai permis de m'aimer. Ces mains chaudes et douces qui me parcourent de bas en haut sont bien les mains de Pierre, je le sais, je le sens.

Alors, j'ai quinze ans, je suis amoureuse et, je le laisse faire…

Dans le grenier, sur l'édredon de plumes de mon lit improvisé, je me laisse envahir par mon amour. Demain, Pierre va faire voler en éclats les restes de la petite fille qui vit encore en moi et ça me rend heureuse. J'ai l'impression que dans ma tête, tout explose. Il faut que je me calme ou je vais me mettre à virevolter, comme un papillon de nuit autour des lampes à huile.

La douleur que je vais ressentir quand il va me pénétrer ne me fait pas peur. Je sais, ou plus exactement, j'ai entendu dire que la première fois ce n'est pas facile, que ça fait mal, que l'on saigne, que l'on se sent comme écrasée. Certaines, juste après, se sont senties humiliées, salies. Moi, je n'ai aucune inquiétude, je suis sûre qu'il va être attentif à tout cela. J'ai confiance en lui et même si j'ai mal, il y a tellement d'amour en moi que mon ressenti ne sera que plaisir. J'aime Pierre, je l'aime vraiment.

Amoureuse, je le suis follement, bien plus que je m'en croyais capable.

Le lever du jour se révèle au travers de la petite lucarne du toit. Impitoyablement, il malmène l'obscurité à grands coups de bandeaux de lumières puis les installe délicatement sur l'oreiller où ma tête repose. Coincée entre deux meubles épais, le cœur de la psyché crachote une clarté feutrée sur le plancher poussiéreux. Des chants d'oiseaux escaladent les tuiles, se faufilent par la lucarne à demi ouverte. Ils m'encouragent à descendre par l'étroite échelle de bois, l'échelle qui me mènera dans les bras de celui que j'aime.

C'est encore une belle journée qui s'annonce, une journée où le soleil encore va assécher le moindre petit ruisseau. Même le plus petit des lopins de terre n'y échappera pas, craquelé, fendu, durci comme du vieux pain.

Avant de descendre, je veux prendre un peu de temps pour faire mes adieux à la petite fille qui, sur la pointe des pieds va bientôt s'éclipser.

C'est une femme qui dans quelques minutes va prendre sa place. Je la sens déjà dans mon corps. Alors peut-être qu'elle va le trouver trop étroit, mais je promets de tout faire pour qu'elle s'y sente bien. Je suis sûre que toutes les deux, nous allons nous entendre à merveille…

Il était, et il reste encore le plus beau de tous mes matins vécus. C'était le cinq juillet, deux jours avant mon anniversaire, juste deux jours avant que tous mes nouveaux amis fassent de mes seize ans une journée inoubliable.

Sur le marbre ovale d'une petite table, je dépose, silencieuse et sereine, une vasque émaillée. J'y verse de l'eau fraîche, puis j'ôte ma chemise de nuit. Pour ma toilette, je choisis un savon glycériné aux senteurs de lavande. Pierre adore cette odeur. Il dit qu'une fois mêlée à celle de ma peau, je ressemble à un olivier des terres ensoleillées du Sud.

Je ne connais pas ces terres, peut-être même que je n'y mettrai jamais les pieds, mais je les imagine, chaudes et colorées comme sur les toiles accrochées aux murs de la cuisine. Je me brosse les dents, puis je me coiffe en pensant aux premiers mots que je vais lui dire, mais aucun ne me vient. Ou plutôt si, mais ils sont d'une telle banalité que je crois que je ne parlerai pas. Je n'aurai qu'à me laisser porter par l'amour qui m'inonde. Et puis d'abord je parle trop, enfin c'est ce que l'on me dit souvent.

Bon ! Je suis prête. Je me regarde une dernière fois dans le miroir.

Ce n'était qu'une stupide idée. Quelle horrible tête !

Ma nuit d'insomnie m'a collé des poches sous les yeux. Que faire ? Malheureusement rien, et croire qu'il ne les verra pas.

Alors, c'est nue et sans bruit que je descends doucement par la petite échelle.

Pierre, dans son lit, dort profondément. Ses cheveux noirs, détachés, serpentent sur l'oreiller. Tourné face au mur comme pour rejeter les lueurs du matin naissant, il semble rêver, de moi peut-être. C'est ce que j'imagine.

Sous le drap qui le recouvre, je devine son corps, nu lui aussi. Savoir que seul un morceau d'étoffe nous sépare, me fait venir un frisson. Il est comme une goutte d'eau partie de mon épaule et terminant sa course sur l'arrondi de mes hanches. Sur le bord du lit je m'assois, je le regarde dormir. Je comprends maintenant pourquoi cet homme m'attire à ce point, même en sommeil, il sourit.

Pierre aura passé sa vie entière à être heureux. Est-ce un privilège d'artiste de ne jamais connaître la tristesse, l'ennui ? Si c'en est un, alors moi aussi je veux le devenir, moi aussi je veux marcher sur un fil en compagnie des anges. Je veux croire que jamais ne s'évaderont de mon visage les sourires auxquels je suis si profondément attachée.

Il ne le sait pas encore mais dans quelques minutes, je vais m'allonger et sous le drap, tout contre lui me blottir. Il y a dans ce geste toute ma passion, mon amour, mes envies de me donner à lui tout entière. Il ne m'a rien demandé, c'est moi qui le réclame. Je lui fais cette offrande.

Ici, les matins d'été sont imprévisibles. Le ciel qui était si lumineux, d'un coup s'assombrit. Il devient électrique et colérique, détone, se libère.

Pierre se tourne, s'étire, ouvre les yeux. Je ne bouge pas. Mes yeux sont dans les siens. Je dis :

– Bonjour, tu as bien dormi ?

Me voir assise nue près de lui, l'étonne :

– Ça fait longtemps que tu es là ?

– J'y ai passé la nuit.

Il comprend :

– Tu veux que je te fasse une petite place ? dit-il en soulevant légèrement le drap.

Et je me faufile dans son lit, tel un enfant qui, pour la première fois, entrerait dans une confiserie, avec gourmandise.

Nous restons de longues minutes, blottis l'un contre l'autre en chien de fusil, sans que l'un de nous deux ne bouge ni ne parle. Placé derrière moi, il a sa main sur mon ventre et son nez s'est réfugié dans mon cou pour mieux me respirer. Il s'enivre de mon odeur comme s'il ne voulait que rien ne lui échappe, comme si avant d'entrer en moi, il désirait d'abord me faire entrer en lui. De longues minutes à sentir mon corps, se faire aspirer, avaler.

Lentement sa main va chercher la mienne. Du bout de ses doigts, un à un, il caresse les miens. Il remonte le long de mon bras jusque sur ma bouche, fait glisser ses doigts sur le contour de mes lèvres. Pendant que sa bouche se promène dans mon cou, son autre main comme une plume passe sur l'arrondi de mes fesses.

Je me laisse envahir par ces nouvelles sensations, sans rien dire, en acceptant comme un cadeau l'intense douceur avec laquelle il prend soin de moi. Je perçois d'autres caresses, sur mes cuisses, sur mon ventre, d'autres encore sur mes seins, sur mes joues.

Pierre est partout, il s'empare de moi, ne me laissant plus la possibilité de penser à autre chose qu'à mon propre plaisir. Un baiser sur chacun de mes yeux, d'autres sur ma bouche entrouverte. Il fait glisser délicatement le drap qui me recouvre, obstacle à ma nudité, puis fait descendre ses baisers, les étalant sur ma peau comme des petits morceaux de coton humide et chaud. Il les fait descendre encore, et encore. Je sens son sexe durci glisser sur ma cuisse, sa bouche lécher mon ventre.

Écartant mes jambes, il fait de sa langue un objet de plaisir en la passant partout sur mon sexe. J'ai sa tête entre mes mains, mes doigts emmêlés dans ses cheveux, et un plaisir intense au fond de moi. Une douce chaleur me parcourt le corps. Je suis comme une porte qui s'ouvre sur un ciel azuré, mais prête à se refermer au moindre coup de vent. Il ne faut surtout pas qu'il s'arrête, il le sait, il ne s'arrêtera pas. Sa langue poursuit sa lente découverte, je la perçois jusque dans le moindre de mes replis et il n'a pas l'intention de laisser un seul centimètre de ma peau sans que sa bouche ne l'aie goûtée.

Puis il trouve l'endroit, celui que seuls mes doigts connaissent, celui qui me fait venir des tremblements incontrôlables, celui qui me fait gémir aussi. Alors je dénoue mes mains de ses cheveux, j'en place une sur ma bouche pour atténuer mes cris pendant que l'autre saisit le bord du lit. Doucement il remonte, continuant de ses doigts ce que sa langue a commencé…

Et là, je fus incapable de comprendre ce qui s'est passé. Son visage à hauteur du mien, il avait dans ses yeux le reflet de mon plaisir et sur ses lèvres, une multitude de mots endormis, prêts à s'éveiller.

La chaleur qui s'était installée dans mon ventre, continuait à s'intensifier pour s'étendre à l'infini. Sa main, celle qui me procurait tant de plaisir, elle ne lui appartenait déjà plus, elle était devenue une autre partie de moi, une continuité. C'est alors qu'ils sont venus. Les miens d'abord, des mots banals et sans relief, ceux qui s'échappent et que l'on ne peut retenir, brûlant de satisfaction et de remerciements. Puis les siens, une giboulée de mots, longtemps contenus, plus beaux les uns que les autres, ceux que j'attendais et qui ont fait que mon plaisir se prolonge encore, ceux qui m'ont envolée, une deuxième fois.

Ces mots que je n'ai jamais oubliés, ne seront jamais dévoilés. Je les garde, ils sont moi.

La pluie qui faisait rage au-dehors, dégoulinait sur les vitres opaques de la cuisine et gagnait du terrain sous la porte. Pierre dit avec humour :

– Il faudrait faire quelque chose si on ne veut pas mourir noyés !

Alors il se lève, s'empare d'une vieille couverture, la roule et la pose sur le sol, contre la porte.

Il est nu, je le regarde faire, je l'aime. Je l'aime comme je n'ai encore jamais aimé personne. Il est nu, son sexe encore tendu, je réalise… Je réalise qu'il ne m'a pas pénétrée.

Peut-être qu'il n'a pas voulu, peut-être n'a-t-il pas osé…

Il le fit le lendemain…

Lazare Castang

Guillaume avait environ sept ans quand il entra dans la Colombière pour la première fois.

Il se souvient avoir marché longtemps après que ses parents l'eurent abandonné. Petit bout d'homme enguenillé dans sa misère avec dans ses poches sept années de peine, aiguisée comme une faux. Une peine, prête à couper en deux le premier qui voudrait lui barrer la route. Fort heureusement nul ne le fit et personne ne le vit ouvrir la porte de la grange et y pénétrer.

Personne, sauf Lazare Castang, propriétaire des lieux qui passait son temps, assis derrière sa fenêtre à émietter de longs moments de solitude.

Tête ronde soutenue par un corps trapus, dos légèrement voûté, la moustache blanchâtre tirée vers le bas, la peau tannée comme le cuir d'un vieux bœuf, Lazare n'avait conservé de sa jeunesse que ses petits yeux rieurs.

Ce qu'il venait de voir lui fit pétiller le regard comme les bulles dans la limonade. Mais comme de plus en plus souvent ses yeux lui jouaient des tours, le trahissaient même, surtout à la nuit tombée, alors il ne leur accordait plus aucun crédit. Ils ne retrouvaient sa confiance qu'après une deuxième vérification.

– Un gamin dans ma grange ! Sacré non, tu deviens fou, Lazare, arrête de boire ! se dit-il à voix haute.

Être vieux et vivre seul, c'est voir quelquefois des choses qui n'existent pas, ou n'existent plus. C'est apercevoir des gens que l'on sait partis mais que l'on voudrait avoir encore à ses côtés.

Être vieux et vivre seul, c'est attendre et attendre encore. C'est, rêver d'une voix qui briserait la monotonie des jours qui passent et qui se ressemblent. C'est des jours qui prennent vie à la nuit tombée et qui meurent au matin.

Être vieux et vivre seul, c'est vivre avec les morts, dîner à leur table et les entendre rire.

Être vieux et vivre seul, c'est ne plus compter les années qui s'échappent.

Et puis un jour, on finit par aimer ces longs moments de solitude, on les réclame, on s'y trouve bien.

Le lendemain matin, en ouvrant la porte de la grange, il eut la confirmation que ses yeux ne l'avaient pas trahi. S'il ne l'avait pas fait, le destin de Guillaume et le mien auraient été bien différents...

Dans la pénombre du fond de la remise, un enfant, assis sur un lit de paille. Un enfant, aux contours encore mal définis que le vieux voulut voir de plus près. Muni d'une chandelle, il se dirigea lentement en direction du gamin recroquevillé, et ce qu'il vit l'effraya. C'est le souffle coupé qu'il balbutia :

– Bon Dieu ! Mais qu'est-ce que c'est que ça ?

Sur des jambes tremblantes, le corps du vieux prit du recul, mais ses yeux ne purent se détacher de cette diablerie qui se jouait devant lui. En se gardant bien de brusquer le moindre de ses gestes, il quitta les lieux aussi lentement qu'il y était entré, sans jamais perdre le gamin de vue. Puis il referma la porte, laissant l'obscurité reprendre possession de la situation.

Ce n'était pas la peur qui le fit répéter à plusieurs reprises « *Bon Dieu de bon Dieu* ! », non, ce n'était pas la peur. Un souvenir, quand son propre enfant aimait à se cacher dans la paille, juste pour effrayer son père.

Lazare revint l'après-midi avec un peu plus de courage.

Le gamin était dissimulé derrière les vieilleries de la grange. Il était là, il était bien là. Le vieux l'entendait respirer, il se mit à rire de lui-même. Comment diable avait-il pu être effrayé à ce point par un gamin ? Lui, Lazare Castang, qui du haut de ses soixante-seize ans avait dû faire face à de bien pires moments.

– Allez, un peu de hardiesse, bon Dieu ! Ce petit a sûrement faim ! Alors apporte-lui de quoi manger ! se dit-il, chargé de témérité...

Ce matin-là, comme tous les matins d'ailleurs, je me levais tôt, bien avant que le soleil ne lèche la moindre parcelle de terre. J'aimais devancer le jour d'une heure ou deux. Le voir se lever m'a toujours fait forte impression.

Portes et fenêtres grandes ouvertes, je faisais entrer l'air frais de ces matins printaniers dans ma demeure, c'est un plaisir dont je ne me lasserai jamais.

Il y a dans cet air matinal quelque chose de magique, saturé de mille senteurs. De douces émanations que j'étais capable de reconnaître et d'énumérer. Je pouvais même en isoler une et jusqu'au milieu de la matinée ne plus respirer que celle-ci. Ce jeu, je le pratiquais depuis longtemps, toute petite déjà, avec La Bancale. Ces senteurs d'arbres, de fleurs, sur des terres en souffrance, sèches ou trop arrosées, de fruits, de moissons, une à une je les percevais et à chacune d'elles, j'attribuais leurs couleurs. Parfois, par amusement, j'octroyais du bleu aux cerises, de l'orange aux raisins et du blanc pour les feuilles, du rouge pour la terre et du rose pour les herbes.

Et donc,... pas de caramel !

Trois fois par semaine, je me rendais chez Lazare Castang. Je lui échangeais quelques heures de ménage et un peu de compagnie contre une volaille, un lapin ou quelques légumes. Parfois, je ne repartais qu'avec deux ou trois œufs. Briser cette solitude qui nous unissait tous deux, était bien plus important qu'un bon repas. Ce mardi-là, le ménage achevé, Lazare m'invita à s'asseoir cinq minutes au soleil, sur le banc de pierre qui jouxte sa maison. D'une voix à peine audible, il bredouilla :

– Y a un gamin qui dort dans ma grange, depuis deux jours !

– Un gamin ?

– Ouais, un gamin ! Et il a pas l'air bien vaillant.

– Qui est-ce ? lui demandais-je.

– Je n'sais pas, il n'a pas dit un seul mot. Il a l'air apeuré. Si j'lui parle, ses yeux vont s'égarer dans je n'sais quel néant, p'têt bin qu'il est muet. Je lui apporte une assiette de soupe midi et soir, c'est tout. J'peux pas l'garder éternellement dans ma grange, sacré non... ! Va bin falloir que j'prévienne les gendarmes.

– Les gendarmes, t'es pas fou ? Montre-le-moi ce gamin ! dis-je, agacée.

Je pris Lazare par le bras et l'aidai à se mettre debout. Puis, je l'entraînai en direction de la grange. Il n'était pas le plus vieux du village mais déjà ses jambes avaient du mal à supporter le poids des années.

Doucement, il ouvrit la lourde porte. Des raies de lumière entrèrent jusqu'au milieu de la pièce, débarrassant les ballots de paille de l'obscurité qui depuis trop longtemps les recouvrait. Des grains de poussière multicolores se mirent à virevolter en tous sens, comme terrifiés par cette clarté nouvelle et génératrice de vie. À pas feutrés, nous pénétrâmes dans la remise.

De vieux outils jonchaient le sol. Sur un des quatre vieux murs de pierres, un vieux vélo y était suspendu à l'aide d'un vieux crochet. Au fond, on pouvait apercevoir une brouette en bois et une charrette. L'état vermoulu de leur ossature laissait supposer une retraite bien méritée. Il régnait en cet endroit un désordre absolu.

Des dizaines, des centaines d'objets inanimés, ayant appartenu à plusieurs générations de cultivateurs, y étaient entreposés, en partie couverts de paille et de filaments poussiéreux. En tissant des toiles gigantesques aux quatre coins du plafond, les araignées avaient installé leur quartier d'été.

Après avoir laissé mes yeux s'habituer à la pénombre, j'ai demandé à voix basse :

– Alors, où est-il ce gamin ?

– Au fond, dans la paille, murmura Lazare.

Prudemment, nous nous sommes avancés vers le fond de la grange.

Un labyrinthe de tuiles et de vieilles planches posées pêle-mêle sur le sol de terre battue nous faisait serpenter. Et, à mesure que l'on se rapprochait du fond, la vie se prenait à rebrousse temps. La première génération avait commencé par entreposer les objets devenus inutiles ou cassés, bien rangés le long des murs et par ordre de grandeur. Bien moins consciencieuses, les générations suivantes firent entrer le désordre. Celles d'après, le non-respect des choses.

– Prends garde à ne pas marcher sur un clou ! fit le vieux, me voyant avancer sans précaution.

J'avais l'impression de revivre une de ces chasses aux trésors à laquelle il me plaisait à jouer, petite, avec tous les enfants du village. Mêmes sensations de curiosité, même témérité.

Dans la grange de Lazare Castang ce jour-là, c'est avec avidité que j'enjambais le passé.

Vingt ans par fût de chêne, cent pour le pressoir. Trois pas de plus et c'est, cent cinquante ans pour le fléau et j'avançais encore. Deux cents ans pour le joug, et parvenue au tout début du temps, voilà ce que j'ai vu…

… Un corps sans muscle, à peine plus épais qu'un phasme.

Une créature ayant perdu presque toute son humanité. Seul un regard clair parvenait encore à percer une épaisse tignasse longue et crasseuse. Derrière ces mèches blondes emmêlées, un visage dont les joues semblaient avoir été creusées au ciseau à bois, paraissait duper la vie. Une chemise aux manches décousues lui couvrait le torse. Un pantalon beaucoup trop long lui faisait des jambes démesurées, sans formes, une cordelette en guise de ceinture.

Ni chaussettes, ni chaussures, seulement une crasse épaisse sur ses pieds. Alors il ne fallait pas être très perspicace pour deviner que cet enfant, ange affublé de haillons, avait été maltraité.

– Il est là, fit doucement Lazare.

– Mon Dieu, comment peut-on... Il est d'une telle maigreur !

À mon tour, je fus presque effrayée. Mais contrairement au vieux, je ne laissais rien transparaître.

L'enfant au sourire absent nous regarda, l'un après l'autre, assis, immobile sur son lit de vieille paille. Seul son visage semblait animé d'un reste de vie.

Lequel de nous trois était le plus terrifié ?

Lazare, qui dissimulait ses yeux tout fripés sous sa casquette ?

Moi, qui reculais de trois pas et trébuchais sur une caisse en bois ?

Ou le gamin qui nous fixait jusqu'à se noyer dans son propre désarroi

Un long moment de silence s'égrena au rythme du clignement de nos paupières, sans que mot ne soit dit, sans que mouvement ne soit fait. Un mal-être s'empara de moi un instant, qui me fit presque regretter d'être entrée dans cette maudite grange.

Après tout, les gendarmes, c'était peut-être la meilleure des solutions.

C'est l'enfant qui fit le premier geste, en saisissant l'assiette posée à ses pieds.

Il l'approcha de sa bouche et goulûment en lécha les bords tout en poussant de petits cris à peine audibles. Puis brusquement, il tendit l'assiette en direction de Lazare qui la saisit à son tour. Le vieux fila dans sa cuisine à petits pas pressés. Il trouvera bien de quoi la remplir, cette assiette !

Je me retrouvais donc seule face à ce gamin dont la maigreur m'épouvantait.

Ce regard bleu intense qu'il brandissait comme deux lucioles me fit avancer vers lui. Je venais de lire dans ses yeux ce que seuls les enfants sont capables d'exprimer d'un simple regard : *je voudrais vivre encore un peu, alors parle-moi.*

Doucement, je mis genoux à terre et j'eus bien du mal à trouver une voix claire et rassurante. Je fis de mon mieux :

– Bonjour, je m'appelle Gisèle, et toi ?

Me courbant légèrement, je tendis le bras pour lui caresser la joue.

D'un mouvement de tête, il évita mon geste et alla se réfugier plus au fond, là où la lumière ne s'infiltrait pas. La rapidité avec laquelle il se déplaça, fit voler une myriade de particules de paille en tous sens et je fis de grands gestes pour la dissiper, ce qui affola encore plus le gamin. Visiblement, je lui faisais peur.

Je compris plus tard que pour lui, la main d'une femme n'est pas toujours animée de caresses. Vide, elle griffe, pince et tire les cheveux ; munie d'un bâton, elle frappe.

Lazare revint avec une pleine assiette fumante. Carottes, cuisse de poulet qu'il s'était préparées la veille.

Il en avait fait un peu plus, au cas où le gamin serait encore là.

Les effluves, poussés par un léger courant d'air du portail resté ouvert, se mirent à tourbillonner. L'odeur d'un bon repas chaud, les miasmes de la vie chassant les émanations du temps vieillissant.

– Passe-moi l'assiette, murmurai-je.

– Ah non, pas question ! s'écria le vieux, ça serait trop facile. C'est moi qui lui donne !

Il s'accroupit à son tour.

D'un geste tremblant, imprécis, il tendit l'assiette en direction du gamin comme s'il faisait face avec bravoure à un animal sauvage.

– Allez, viens petit, viens manger !

Vexée, je le laissais faire et vis le p'tiot doucement venir à lui, à quatre pattes, méfiant mais téméraire.

Stupéfaite, je le vis coller son corps frêle contre celui de Lazare qui déposa l'assiette à ses pieds. L'enfant, confiant, à ses pieds s'est assis. Et, pendant qu'il mangeait, le vieux lui caressait la joue.

Je compris plus tard que pour lui, la main de l'homme cajole et rassure.

Dans un mutisme le plus total, l'animal-enfant dévora le contenu de l'assiette, laissant son corps aller, d'avant en arrière, tel le balancier d'un carillon de salon.

Par contagion, je me surpris à faire de même. Le vieux ne bougea pas d'un poil, de peur d'abréger ce festin. Même si je ne l'avouais pas, j'étais contrariée de voir que Lazare était plus à même de faire un grand-père pour le p'tiot, que moi à devenir une mère. Je me promis que les choses allaient changer.

Cet enfant, je le voulais et j'allais le prendre, il serait le mien. Déjà, je l'aimais.

Agacée, en sortant de la grange, je me suis adressée au grand-père sur un ton autoritaire :

– Je reviendrai demain, et tous les jours s'il le faut. Et si tu préviens les gendarmes, jamais plus je n't'adresserai la parole. Tu m'entends, jamais plus !

Lazare ne répondit pas, me suivant simplement du regard.

Il décocha un rire franc quand, pour la seconde fois, j'ai trébuché sur la même vieille caisse en bois.

– Ah ! Maudite grange, m'écriais-je. Tu ne peux pas mettre un peu d'ordre là-dedans, oisif que tu es !

En tapotant ma jupe pour ôter la poussière, j'ai soupiré.

– Bon, alors à demain !

– Si Dieu le veut, rétorqua-t-il d'un air moqueur.

Patiemment je revins, espérant chaque jour un peu plus. Il en fallut dix pour pouvoir approcher le gamin à moins de cinquante centimètres. Quatorze pour pouvoir le toucher et vingt-six pour qu'il accepte la nourriture que je lui apportais. Mais ce que j'appris bien plus tard, c'est que Lazare en mon absence faisait le plus gros du travail.

Il lui a parlé, pendant des heures, ce qui s'est traduit par un monologue puisqu'aucun mot ne daignait sortir de la bouche de l'enfant. Mais savait-il seulement parler ?

Le vieux en doutait et a longtemps pensé que ce garçon était muet mais qu'importe, il a fait ce que son instinct lui demandait de faire.

Patiemment, il le fit au puits se laver, venir jusque dans sa cuisine, sur une chaise s'asseoir, manger à sa table. Il réussit même à le faire dormir dans un lit. Lit qu'il quittait au matin pour regagner la grange, juste avant que je n'arrive. Mais Lazare se gardait bien de m'en parler, il ne me connaissait que trop bien. Jalouse comme je l'étais, j'aurais sûrement tout cassé. Il s'était créé une telle complicité entre eux qu'il leur fallait mentir, faire semblant. Et tous deux trouvaient un certain plaisir à mystifier la situation, me laissant croire que moi seule, j'apprivoisais l'enfant craintif ; ils y sont arrivés. J'étais convaincue que c'était le résultat de ma persévérance, de mes efforts, de mon amour.

Lazare devait bien ricaner de me voir aussi naïve.

Puis un jour, le vingt-septième, j'eus l'agréable surprise de voir l'enfant se blottir tout contre moi. Son maigre visage est venu se poser dans mon cou et pour un long moment de pure tendresse, il ne bougea plus. Ce qui fit de moi la femme la plus heureuse d'entre toutes les femmes. J'aurais voulu que cet instant demeure éternel tellement mon corps, mon cœur et mon âme étaient en communion.

Assiégée par le désir de toute une vie, j'ai passé mes bras autour de lui. Assis sur la paille, d'instinct, nous nous sommes bercés jusqu'à ne plus penser à rien, jusqu'à ne plus rien entendre. Nous avions trouvé l'ivresse ultime, l'instant présent. Ce pur bonheur revint de plus en plus souvent, chaque fois de plus en plus long. Jusqu'au jour où le petit bout d'homme se mit debout, me prit la main et d'un pas mal assuré m'entraîna à l'extérieur. Le premier mot qu'il sortit de sa bouche fut le mot « soleil », qu'il répéta à deux reprises. Stupéfaite, je me suis tournée vers Lazare, de grosses larmes me brouillaient la vue.

– Il parle, je l'ai entendu dire : « Soleil ». Il parle ! dis-je tout excitée.

– J'le sais bien qu'il parle, répondit calmement le vieux. Y a deux jours, il a dit : « J'ai faim ».

Lâchant la main du gamin, j'ai agrippé le vieux par le col :

– Tu sais qu'il parle et pourquoi tu ne m'as rien dit ?

– Si j'te l'avais dit, tu n'm'aurais pas cru ! Ou alors tu s'rais encore partie vexée ! me répondit-il, moqueur…

Lazare se sentit bien seul quand, quelques jours plus tard, j'emmenais l'enfant…

C'est sans un mot qu'il referma la porte de sa grange.

À double tour, il emprisonna le passé à tout jamais. Il jeta la clé dans la rivière et plus personne jamais n'y mit les pieds. Il est des moments où il vaut mieux laisser dormir le temps, sans le bousculer. Le réveiller n'aurait fait qu'attiser les braises de sa mémoire. Mais en aucun cas, il ne put briser les liens qui l'unissaient au gamin.

Ce qu'il aurait aimé, c'est que je le lui apporte de temps à autre, mais je ne l'ai pas fait. Je l'ai gardé pour moi seule, sans jamais le partager. La seule chose que je lui permis, fut de lui choisir un prénom.

– Guillaume, proposa-t-il sans aucune hésitation. C'était le prénom de son premier fils. Un fils avalé par la Loire, un jour d'octobre. Elle ne lui a jamais rendu.

– Allez ! Va pour Guillaume, dis-je.

Puis, je ne changeais rien à mes habitudes. Je revins trois fois par semaine faire le ménage. Bien sûr, je lui parlais de Guillaume et des progrès qu'il faisait. De ses blessures intérieures qui petit à petit se refermaient. Des mots, des phrases que je lui enseignais. Guillaume apprenait vite et assimilait goulûment tout ce qu'il pouvait.

Et l'enfant craintif devint téméraire. Jusqu'au jour où il se débarrassa définitivement de la pitié qu'il inspirait, et fit peau neuve.

Guillaume Darnault était né...

Il devait avoir sept ans, peut-être huit.

Je venais d'en avoir trente.

Mes seize ans

– Tu sais, je suis vraiment heureux que tu sois là, me dit Pierre en m'aidant à reboutonner ma robe. Que fais-tu de tes cinquante prochaines années ?

Tout naturellement, je réponds que je veux les passer avec lui.

Satisfait de ma réponse, il m'enlace en me promettant pour la vie un bonheur colossal.

J'avais l'impression de rêver. Pendant que mes copines persistaient à demeurer dans leur gaminerie, moi j'avais déjà un amoureux avec qui j'allais passer la vie entière. Une vérité dont j'étais fière. Une vérité que Pierre brandissait au plus haut, plus haut que pour un militaire, le drapeau de sa patrie.

Deux jours plus tard, nous fêtions mes seize ans.

Dans la maison d'Éden, tous les artistes se sont réunis. Attablés comme pour un repas de noce, des femmes, des hommes que je ne connais pas. Debout autour du piano, un verre à la main, certains font onduler leur corps telles des herbes folles que le vent maltraite. Quelle drôle de danse !

– Aaah ! Voici la Rose du jour, crie Vito, l'un des trois poètes, engoncé dans un costume à rayures.

Le tonnerre d'applaudissements, les sifflements de contentement qui s'ensuivent me font me demander qui je suis réellement. Quelle entrée fracassante ! Je lis sur le visage de Pierre toute la fierté de m'avoir à son bras. Je comprends maintenant son empressement à se rendre auprès de ses amis ce matin. Nous n'avons jamais mis si peu de temps pour faire le chemin, me demandant même de presser le pas quand je cherchais à reprendre mon souffle. Il a su garder le secret, et c'est tout à son honneur.

Oh Pierre! Sais-tu à quel point je t'aime...

Émue, je sonde du regard cette pièce immense à la recherche de visages connus.

Gaby, dans sa longue robe blanche est resplendissante, visiblement heureuse que je fasse maintenant partie des leurs.

Lucie en habit de cérémonie, chapeau haut-de-forme et gants de velours noir m'accueille, souriante. Je cours me jeter dans ses bras.

– Joyeux anniversaire, me dit-elle. Profite bien de cette journée, elle est faite uniquement pour toi!

Un long fumoir entre les doigts, elle joue les femmes du monde, recrachant la fumée avec un snobisme qui ne lui ressemble pas. Puis d'un air austère, de son chapeau elle s'évente. Il en tombe une petite boîte enrubannée qu'elle ramasse:

– Je pense que ceci doit être pour toi, dit-elle.

Tenant ce présent par la boucle, elle me le tend. Timidement, je l'ouvre. Tous ont les yeux tournés vers moi. C'est un collier de perles blanches, et je reste muette. Elle me le passe autour du cou. C'est la première fois que l'on m'offre un cadeau. Je croyais que cela n'existait que dans les familles aisées. Hébétée, je la remercie du fond du cœur, je suis si heureuse aujourd'hui. Je demande:

– Dis-moi, Lucie, c'est toujours comme ça le bonheur?

– Oui, mais lui aussi a ses limites. Alors profite! Et je crois que tu n'es pas au bout de tes surprises...

C'est au tour de Jongleur de venir à moi. De ses gestes pleins de largesses, c'est un foulard qu'il me tend. Puis, me prenant par la taille, il me fait faire quelques pas de danse, me tient la main, me fait tourner.

– Aujourd'hui, c'est un grand jour pour toi, ma belle! me dit-il. Aujourd'hui tu peux faire,... euh, voyons voir,... tu peux faire...

En se grattant la tête, il cherche une gentillesse qui ne m'a pas encore été dite.

Il trouve :

– ... tous les caprices que tu veux ! Après tout, ce n'est pas tous les jours que l'on a seize ans...

Il sort trois petites balles de sa poche, les lance en l'air, sa voix rythme le mouvement :

– Yop yop yo !... Yop yop yo !...

Jongleur était quelqu'un de très jovial, trop peut-être. Il maniait sa joie de vivre et son enthousiasme avec autant d'adresse que ses quilles et ses balles, aussi bien à l'envers qu'à l'endroit. Il avait pour habitude de prendre tout le monde par les épaules ou par la taille, garçon ou fille, ce qui agaçait certains, mais pas moi. Il me faisait rire et autant que je m'en souvienne, il m'aimait beaucoup. Je crois qu'il m'aurait volontiers courtisée s'il n'avait pas eu un profond respect pour Pierre, « l'aïeul » comme il se plaisait à l'appeler. Ma mémoire a gardé de Jongleur un être juste et droit, un ami véritable...

– Il me semble que quelqu'un veut te parler, me dit Pierre en désignant du doigt une vieille dame assise près de la fenêtre.

– Qui est-ce ?

– Oh, c'est juste une vieille dame qui vend du fromage ! me dit-il en m'entraînant vers elle.

– Bonjour, petite ! Ai-je changé à ce point pour que tu ne me reconnaisses pas ? Je suis Louise, ta grand-mère !

Elle ouvre grands ses bras.

– Eh bien, ne reste pas plantée comme ça, viens m'embrasser !

Pierre m'avait promis que je la verrais bientôt, il ne m'avait pas menti. Rien ne pouvait me faire plus plaisir que de revoir cette femme dont le visage s'était noyé dans ma mémoire de petite fille. Je n'avais gardé d'elle qu'un doux cocon de gentillesse, j'étais dans le vrai.

Un cheval, c'est le cadeau qu'elle me fit. Un magnifique andalou de trois ans, marron clair, qu'elle avait attaché à un arbre derrière la maison. Imaginez ma surprise quand j'ai su qu'il était à moi. De quoi verser quantité de larmes de bonheur.

Jamais encore je n'avais festoyé de la sorte. Bien qu'étant ouvriers agricoles, mes parents, ma mère s'était acharnée à m'enseigner les bonnes manières.

Une imbécillité monstrueuse ramenée des foyers bourgeois qui les employaient, mais qui ne correspondait en rien à ma vision des choses. Chez moi, les repas étaient pris toujours à l'heure, dans une tristesse à couper le souffle, sans un mot, le corps bien droit, dépourvu de toute initiative.

Mais ce jour-là, avec Pierre, Lucie, Gaby et tous les autres, manger redevenait naturel. Les coudes sur la table, certains se laissaient aller à des chansons paillardes, d'autres s'envoyaient des verres d'eau ou des peaux de poulet à travers la figure. Vito, allongé, le dos au sol, imitait la mouche qui meurt en tournant rapidement sur lui-même. Lucie lui tapait sur la tête à grands coups de tapette à mouches, le traitait de tous les noms d'oiseaux. Des blagues, des fous rires à n'en plus finir nous pliaient en deux. C'était la vie qui reprenait ses droits, elle nous imposait sa règle du jeu et je crois bien me souvenir qu'au concours de grimaces, j'ai été l'heureuse élue, ce qui me valut une certaine reconnaissance.

Mais c'est ma grand-mère qui cracha le plus loin le noyau d'olive!

Ce jour-là, j'ai enfin senti à quel point j'étais vivante, importante aux yeux des gens qui m'entouraient. Légèrement ivre de quelques verres de vin, mais vivante. Une revanche sur la tristesse de tous mes jours déjà passés.

En laissant se consumer mon carcan d'amertume, je me laissais porter et j'acceptais tout l'amour que l'on me donnait. Sensation de pur bonheur qui s'est enracinée en moi à tout jamais. Un cadeau incomparable, indestructible.

Ce n'est qu'après le repas que Gaby m'offrit le sien. Elle attendit qu'aucun regard ne soit posé sur nous pour discrètement glisser sous ma serviette une petite enveloppe. Au recto, d'une très belle écriture, ces mots : *Pour Gisèle, petite fleur à peine éclose.*

– Bon anniversaire ! Tu l'ouvriras quand bon te semblera, mais pas aujourd'hui, me dit-elle doucement à l'oreille.

Gaby semblait très heureuse. Elle avait passé l'après-midi, comme nous tous d'ailleurs, à faire l'imbécile et de ce fait, réussi à vaincre pour un temps ce qui de l'intérieur la rongeait.

– *Ne lui pose pas de question*, m'avait dit Lucie, *je crois qu'elle n'est pas encore prête à répondre.*

– Je n'ai eu nul besoin de le faire.

C'est dans son jardin merveilleux qu'elle m'entraîna, bras dessus, bras dessous, joyeuse et virevoltante comme le ruban d'une capeline. C'est au milieu des roses qu'elle s'est dévoilée. Comme une écharde qu'on extirpe d'un pouce, son cœur a recraché cette épine, ce venin qui la torturait depuis tant de temps.

D'une confiance aveugle, elle a déversé à mes oreilles, le fiel de sa jeunesse assassinée… Gaby s'appelait Gabrielle de Saintecroix.

Enfant issue de la haute bourgeoisie, reniée à l'âge de dix-neuf ans et chassée de son milieu par son propre père. Évincée pour avoir refusé un prétendant, vieux, laid, vicieux… Mais riche !

Elle n'avait que faire de tous les biens qu'il aurait pu apporter à la famille de Saintecroix. Elle n'avait que faire de ses nobles ancêtres ! Elle n'avait que faire d'être une de Saintecroix ! Au nom de la descendance, elle n'était plus considérée comme individu, mais comme monnaie d'échange pour famille mercantile et bourgeoise.

Pour le paraître, plus que pour leur salut, les de Saintecroix ont toujours déposé, sans jamais rechigner, une pièce dans la main de la pauvreté. Pauvreté que l'on trouve allongée sur les trottoirs des grandes villes, la nuit, quand tout paraît si calme, si paisible. Pauvreté qui fait tendre la main des épouvantails en guenilles aux portes des églises le dimanche, pour un verre de vin, une bouchée de pain, une assiette de soupe. Cette pauvreté qui effraie tant les nantis.

Pour qu'elle se protège encore un peu plus de celle-ci, la famille de Saintecroix n'en avait jamais assez. Sa devise : *Mieux vaut faire envie que pitié.* Une devise que Gaby ne supportait plus.

Dans ce quelque argent si généreusement déposé au creux de la main des pauvres, se logeait une autre forme de pauvreté, celle de l'âme. Saturée de peur, de mépris.

Alors on donne, mais on ne parle pas. On passe mais surtout, surtout, on ne regarde pas.

On n'est jamais trop prudent, au cas où !... des fois que !... Et si par traîtrise la misère nous sautait dessus !...

Ainsi chassée, Gabrielle de Saintecroix ne mit que très peu de temps à devenir Gabrielle des Rues, perdue dans un monde qui n'était pas le sien.

Elle y rencontra Gatien, un homme qui semblait l'aimer. Mensonges ! Gabrielle devint Gaby la Grande, aguicheuse et monnayable. Elle me parla des hommes, de l'irrespect, des porcs... Des femmes.

Voilà donc de quoi souffrait Gaby, de l'enfer au fond d'elle-même. De son corps qui avait servi d'hôtel, de jouet.

Ce n'était pas des flammes que j'ai aperçues dans ses yeux ce jour-là, juste des flammèches, à peine plus chaudes qu'un matin d'octobre. Je crois qu'elle s'est servie de moi pour finir de piétiner les braises d'un feu déjà presque éteint, pour qu'il n'aille pas incendier d'autres parties de son âme. Moi, je n'ai fait qu'écouter les résidus de sa souffrance.

De retour auprès des autres, Pierre et Lucie qui dansaient ensemble, se sont arrêtés un instant et nous ont regardées attentivement, l'une après l'autre. Ils ont compris au visage lumineux de Gaby la raison de ma présence parmi eux. Celle qui était en convalescence, venait enfin de découvrir celle qui guérit. Ce n'était pas le hasard qui m'avait conduite jusqu'ici, ils en étaient convaincus, moi aussi.

Il y a, tout autour de chaque être, une force qui ne lui appartient pas, une force bénéfique qui nous pousse et nous attire les uns vers les autres.

En plus de soixante-dix ans de vie, j'ai pu le constater maintes et maintes fois.

Appelons-la, refusons-la, pensons que nous sommes le seul maître de nous-mêmes, tôt ou tard, cette Force nous fait savoir que nous ne contrôlons rien. Gaby avait besoin de moi, poussée par je ne sais quelle puissance, je suis venue.

Je ne savais pas que quelque temps plus tard, c'est cette même force qui, à son tour, la poussera vers moi…

– Il est dix-neuf heures ! crie Jongleur avec une bouteille d'eau-de-vie à la main, il faut y aller !

Visiblement éméché lui aussi, debout sur sa chaise, il danse.

Lâchant le bras de Gaby, je demande :

– Où va-t-on ?

– Ah ça, je ne te le dirai pas ! me répond-elle.

– Tu verras bien ! Si tu veux continuer à t'amuser, alors suis-nous ! me dit Pierre.

Il me prend par les épaules, m'embrasse.

– Tu n'es pas au bout de tes surprises. Tu ne vas pas t'ennuyer avec nous, crois-moi.

Nous sortons tous de la maison.

Plusieurs hommes chargent le piano sur une des dix charrettes. L'accordéoniste prend son instrument, Jongleur ses quilles, Vito et les autres poètes récupèrent des bidons et grimpent dans une autre charrette.

Grand-mère aidée des autres femmes prend les restes du repas, et nous voilà partis.

Sur mon cheval, j'accompagne ce long cortège de carrioles qui serpente sur les chemins de terre et je ne sais toujours pas où nous allons. Le secret est bien gardé et apparemment, je suis la seule à être dans l'ignorance la plus totale.

À notre passage, la campagne s'égaie de nos rires et de nos cris, de notre détermination à vouloir continuer la fête. Assis à l'arrière, les jambes pendantes en dehors des carrioles, les enfants se sont emparés de branchages qu'ils défeuillent, pour ne garder que les rameaux les plus épais.

Nous réveillons Tresseigne d'entre les morts.

Les visages ahuris qui surgissent par portes et fenêtres nous toisent comme si nous étions les disciples du Malin. Pierre, trompette à la main, entonne alors la marche funèbre qu'il massacre volontairement à grands coups de fausses notes.

Dès cet instant, tous mes amis revêtent une triste mine et ôtent leurs chapeaux. Ils appellent à tous les saints, s'agenouillent, se prosternent et implorent leur pardon. Les mains des poètes s'animent et donnent aux énormes bidons, une cadence mortuaire. Le convoi ralentit son allure, il longe les maisons dans une absolue monotonie et les bidons résonnent, résonnent, résonnent inlassablement.

Brandissant au-dessus de leurs têtes des croix fabriquées à la hâte, les femmes guillerettes se changent en pleureuses et psalmodient. De drôles d'incantations montent des charrettes et vont se perdent dans les ruelles du hameau. Tresseigne, qui déjà n'a rien de jovial, devient épouvantablement sinistre.

Pierre, le regard malicieux, s'arrête de jouer et éclate de rire. Il crie :

– Bon, allez les gars, on s'est suffisamment moqué d'eux comme ça ! La fête continue !

Et chacun reprend sa bonne humeur là où il l'avait laissée.

Moi, avachie sur mon cheval comme un vieux sac de grains prêt à s'éventrer, je n'en peux plus de rire.

Je l'ai, je l'ai enfin cette vie dont j'avais tant rêvé...

Les chemins de terre nous mènent jusqu'au village, celui où je suis née. Sur la place, nous installons les charrettes en demi-cercle. Les hommes poussent des hurlements pour prévenir de leur arrivée pendant que les femmes frappent aux portes.

– Allez, allez, ne restez pas chez vous. Venez faire la fête. C'est l'anniversaire de Gisèle aujourd'hui, vous êtes tous invités!

Le pianiste se met à jouer, l'accordéoniste le suit. Les poètes tapent à tue-tête sur leurs bidons et Pierre me prend la main, m'invite à danser.

En femme très amoureuse, je passe mes bras autour de son cou et je pose ma bouche sur la sienne. Je sais que l'on me regarde eh bien entendu, je devine ce qu'ils pensent. Mais je n'ai que faire de leurs réflexions, il faudra bien qu'ils s'y fassent.

Je suis criante de bonheur et je veux que cela se sache.

Autour de nous, des couples se forment et entrent dans la ronde. Mis à part les jours de marché, je n'ai jamais vu autant de monde sur la place. Ils sont tous sortis et participent joyeusement à la fête. Certains amènent de quoi boire, d'autres de quoi se restaurer.

Près de la fontaine, un feu est allumé, on y cuit des saucisses. Si les sourds ignorent notre présence, alors l'odeur de la viande fumée s'en chargera. Rapidement, des tables sont installées. On apporte des chaises, des bancs, des couverts en alu.

La Colombière est en fête et le monde est heureux...

Comme il est bon de vous revoir enfin.

Gaby, ton doux visage, la finesse de tes doigts, tes fleurs, ton jardin, ta lumière.

Ce matin, comme si c'était hier, apparaissent celles et ceux qui m'ont aimée. Lucie, l'habit d'apparat que tu portais ce jour-là n'était pas assez grand pour y loger toute ta gentillesse. Grand-mère, dans ta robe grise, dont le bas tout fripé laissait dépasser ton corsage blanc. Jongleur, il y avait dans ta voix tout ce dont une femme peut rêver, douceur, humour et gentillesse. La Bancale, tu m'avais apporté une pleine boîte de caramel, en me souhaitant une vie longue et heureuse.

Comme il est bon de vous revoir. Si vous saviez comme je vous aime !

Au village, ce fut le tout premier bal, avant il n'y avait rien.

Ce fut le tout premier bal et il ne se termina que tôt le matin. Nous avions tous les yeux cernés, le ventre plein.

Ce fut le tout premier bal, seules trois personnes ne sont pas venues, je n'en attendais pas moins d'eux. Voir que je m'étais acoquinée avec des « mécréants » les aurait écorchés vifs.

Et depuis, chaque année à la même date, il est de tradition d'organiser le grand bal de l'été afin de fêter, non pas mon anniversaire, mais les filles à marier.

Très peu de gens se rappellent que j'en suis à l'origine. Très peu se rappellent aussi que dans les bras de Pierre, j'étais bien plus belle que toutes ces jeunes filles.

Je déteste ce jour ainsi que la joie qu'il entraîne. Il se joue au village chaque été, se pose en vainqueur pour m'inciter à quitter ma chambre et à venir rire avec ceux qui tous les jours me font du mal.

Pourquoi irais-je, puisque tous s'amusent à dépoussiérer les vestiges de mon passé ? Je n'ai que faire de leurs pitreries désobligeantes. J'aimerais tellement qu'on me laisse tranquille.

Ils savent très bien qu'en vérité, ils me ligotent au pilori des souffrances et des regrets. Quand je vois toutes ces prétendantes au mariage, prêtes à dévorer la vie, alors je ne peux m'empêcher d'avoir la nostalgie de celle que j'étais.

Quand je pense à ces jeunes vierges vêtues de blanc, les seins bien parallèles et le regard qui tournicote comme un courant d'air dans une impasse, alors c'est sur moi que je pleure.

Oui, je déteste ce jour. Je le déteste autant que les gens. La mémoire des hommes est si courte.

Comme il est bon de refaire ce chemin, se remémorer tous ces souvenirs. Comme cela me fait du bien. Je les croyais perdus et ils sont là, bien vivants devant mes yeux.

Comment ai-je pu me mentir aussi longtemps, moi qui pensais n'avoir vécu que quelques heures ? Ces souvenirs m'apportent un bonheur qui, au grand désespoir des papillons éphémères, me fera vivre des siècles encore... Alors je vais rester là, derrière la fenêtre de ma cuisine, et attendre encore un peu. Le jour va bientôt se lever.

À mon âge, je n'ai plus grand-chose d'autre à faire. J'ai tout mon temps.

Tiens ! Je réentends la voix de Pierre.

Il me murmure les mots que j'aime entendre. Ils glissent sur ma peau comme des caresses, m'apportant le frisson comme au premier jour.

Parle-moi, parle-moi encore.

Ne retourne pas au paradis des peintres. Reste, s'il te plaît !

Reste avec moi. Demeure en moi encore un peu.

Je t'ai trop longtemps délaissé, mon amour, je le sais, mais ce n'est pas ma faute, j'avais oublié tant de choses que moi aussi je me croyais morte.

Au début je t'assure, je n'ai pas compris ce qui s'est passé. La douleur m'avait tant ensommeillée que je n'étais plus moi. Bien sûr, je pouvais encore me mouvoir, mais ma tête dormait profondément,... coincée entre deux nuages.

Manger, oui manger était devenu un calvaire. Penser, je ne pouvais plus.

Ma mémoire avait lâché prise pour un long, un très long moment. Impassible, elle avait trouvé refuge dans une contrée sans nom, en parfaite harmonie avec tout ce qui l'entourait. Je crois que c'est l'endroit où vont toutes les âmes abîmées.

C'est seulement à mon réveil que j'ai commencé à te chercher, mais partout où mes yeux se posaient, tu n'y étais pas.

Reprendre ma vie là où je l'avais laissée, voilà ce qu'il fallait que je fasse. Alors j'ai couru, droit devant moi, puis en tous sens, jusqu'à ce que mon dernier souvenir de toi me revienne. Il m'a menée dans l'antre de mes délices, la maison d'Éden.

J'espérais tant te trouver là, debout devant ton chevalet à blanchir les ailes d'un ange. Je le souhaitais si fort que j'avais retrouvé le plus beau de tous mes sourires. Mais non, tu n'y étais pas. Quand j'ai poussé cette vieille porte séculaire, elle s'est effondrée sur un monde dévasté, vide et poussiéreux, plus silencieux encore qu'un ermitage. À croire que dans cette maison, le bonheur n'y avait jamais mis les pieds.

Plus personne pour me dire: *Bonjour, petite Gisèle, comment vas-tu ce matin? Toujours envie d'aimer les gens?* Tous et toutes avaient déserté les lieux comme s'il y avait eu danger à rester là. Ils se sont tous enfuis en effaçant soigneusement les traces de leur passage.

Tous, sauf Gaby. Elle a continué à entretenir son jardin comme si rien ne s'était passé. Patiemment elle a attendu, attendu et prié pour que mon esprit s'éclaircisse enfin. Jour après jour, mois après mois elle m'a attendue, seule au milieu de ses fleurs. Elle savait qu'à mon réveil, je reviendrais ici pour te chercher.

Tu vois, Pierre, plus j'y pense et plus je me dis que c'est toi qui, de là-haut, lui as demandé de guetter mon retour. Mais quand bien même, tu aurais convoqué tous les saints que cela n'eût rien changé. Pour que je ne sois pas seule quand le jour de ta mort est venu me tourmenter, il aurait fallu bien plus que des bienheureux pour me soutenir.

Le bon Dieu lui-même n'aurait pas su trouver les mots. D'ailleurs, il ne prit pas la peine de les chercher. Peut-être que je l'avais tué lui aussi. Alors, la peine il me l'a laissée. J'en ai rempli des seaux entiers, et Gaby n'y pouvait rien. J'étais la seule responsable de ta mort.

Si tu savais à quel point ce jour-là me hante.

Si tu savais comme je m'en veux de n'avoir pas compris ce que voulait ce trio de faux poètes.

Quand Vito, Max et Lulu m'ont proposé de me couper les cheveux et de m'habiller en garçon, de devenir Ghislain, déjà ils savaient. Ne supportant pas plus le bonheur des autres que leur propre dignité, ils m'ont dit que c'était un jeu, qu'il ne fallait surtout pas que tu puisses me reconnaître. Alors moi, en gamine ignorante, toujours prête à tout pour rire d'un rien, j'ai joué ce jeu stupide de la métamorphose, et je t'ai perdu.

Si j'avais su… Si j'avais su…

Dans leurs veines, ne ruisselait pas que du sang, mais aussi du fiel, du pus et de la pourriture malodorante. Si je l'avais su, alors jamais tu n'aurais rencontré celui que j'ai créé pour un soir, Ghislain, mon double.

Si j'avais pu apercevoir, ne serait-ce qu'une infime partie de leur méchanceté, tout aurait été bien différent.

Avec toi pour la vie entière, d'entre toutes les femmes, j'aurais été sans conteste la plus heureuse. Je te suis restée fidèle et je le resterai, aussi longtemps qu'il me sera permis de vivre.

Alors, puisque je n'ai pas pu tuer ces trois chiens galeux de mes propres mains, j'espère au moins que le Diable s'en est chargé. Ils sont la source de ma souffrance et je leur souhaite un enfer bien pire encore que le mien.

Vivre, tu le sais sûrement, m'a demandé beaucoup d'efforts, mais ne pas mourir, encore plus.

J'ai pris, après toi, tant de chemins que je ne connaissais pas, que j'ai fini par me perdre.

Mais je n'avais pas peur, sais-tu pourquoi ?

– *Oui je le sais, mon amour, parce que tu n'as jamais eu peur de rien. N'ai-je pas raison ?*

Oh, non Pierre ! Ne te moque pas de moi, s'il te plaît.

Tu sais aussi bien que moi que ce n'était qu'un adorable mensonge. Il fallait toujours que je me montre plus forte que je ne l'étais en réalité. Je crois même que, entre nous, c'est ce que tu aimais en moi, mes adorables mensonges. Ils n'étaient pas bien gros, néanmoins ils me grandissaient. Ils donnaient du poids à ma petite vie.

Mais j'ai eu la frousse comme tout le monde, et plus souvent qu'à mon tour.

Surtout ce jour-là, quand Ghislain avait si bien pris possession de mon corps que tu ne m'as pas reconnue.

Quand de ta main, tu lui as caressé la joue, alors là oui, j'ai eu peur. Mais j'ai tenu à jouer mon rôle jusqu'au bout, pensant que peut-être, sans le dire, tu m'avais démasquée.

Que signifiait cette caresse ? M'était-elle destinée ou étais-tu en train de tomber amoureux de celui qui m'habitait ? Le baiser sur la bouche que tu me fis juste après, fut aussi doux qu'un petit nuage de printemps. De tous ceux que tu m'avais déjà donnés, celui-ci avait véritablement le goût de l'amour. Il fut le dernier, et je ne sais toujours pas à qui il appartient. J'ai peut-être vécu jusqu'ici, avec dans ma bouche, un baiser qui n'est pas à moi.

Même si c'est le cas, je ne l'ai pas volé. Je l'ai gardé bien au chaud pour qu'un jour, je puisse te le rendre. Un jour, au ciel ou n'importe où.

Qui aurait pu savoir que par ce dernier baiser, ton sang dans ma bouche allait couler ?

Qui aurait pu se douter qu'en moi, l'insupportable allait se répandre ? Lorsque nous sommes tombés tous deux à genoux, il était déjà trop tard.

J'ai senti ta vie se réfugier dans ma bouche. C'est dans ma bouche, mon amour que tu es mort. C'était juste avant que nos lèvres doucement se séparent...

Alors là, oui j'ai eu peur. Vraiment peur.

Parce que ce n'était pas l'orage que je venais d'entendre, mais bel et bien le hurlement d'une arme de chasse.

J'ose espérer, mon amour que ton dernier souffle était pour moi, pas pour les beaux yeux de Ghislain.

Comprends-tu maintenant que, sur les chemins que j'ai pris après toi, je pouvais avancer sans crainte. Quand un s'arrêtait, un autre se dessinait, soit à droite, soit à gauche.

Je prenais toujours celui qui semblait mener le plus loin, celui qui me ferait descendre encore plus bas. Il était parfois chaotique et sinueux, parfois parsemé de dangers, mais noyée dans les fumées d'opium, je ne voyais guère plus que le bout de mes pieds.

Alors sans garde-fou, j'avançais et ces fumées me rapprochaient de toi. Mêlées à l'alcool, elles annihilaient mes peurs, ainsi je coupais court à toute envie de me battre. J'avançais sans même me demander si les anges seraient encore là pour me rattraper, au cas où mes hallucinations me feraient trébucher et basculer dans un gouffre sans fond. Ce n'est que quand tu as disparu totalement de mes pensées, quand je t'ai lâché la main, que j'y suis tombée.

Un trou béant où régnaient en maîtres de féroces créatures, plus affreuses les unes que les autres, mais point d'anges pour me récupérer. Je ne saurais dire combien de temps il m'a fallu pour y descendre et combien de temps j'y suis restée, puisque j'en avais perdu toute notion.

Je ne voyais plus la lumière du jour, la nuit était devenue mon unique horizon. Elle me rappelait sans cesse que malheureusement, je vivais encore.

Combien de ponts instables, combien d'océans aux vagues malsaines ai-je dû traverser avant d'apercevoir cette lueur ? Combien d'hivers, combien d'étés à dériver avant qu'enfin je comprenne que sur ces chemins, c'est toi que j'oubliais. Ils ne m'avaient menée nulle part, mais entraînée si loin de toi.

Alors un soir, fatiguée, je me suis assise dans le grenier de ta maison et j'ai laissé passer le temps. Ma tête n'était plus qu'un vaste désert aride, sans mémoire. Mes souvenirs avaient préféré fuir, plutôt que d'affronter la déchéance et la laideur de celle que j'étais devenue.

Pour ne pas te perdre, la meilleure chose était de revenir en arrière, mais en avais-je le courage ? J'étais si faible que je pensais déjà appartenir au passé. Il me fallait quelqu'un pour me guider, un bras pour me soutenir, une main. M'accrocher.

Le monde des vivants est resté bien à sa place, emmuré dans son silence et dans sa surdité, pataugeant dans son mépris. Rien n'avait changé, toujours aussi vide qu'avant que je m'en éloigne.

Dans ce monde-là, aucun bras, aucune main pour moi, pas même un regard de compassion. Juste la voix d'un homme en soutane, un homme sans bras lui aussi.

Comme elle était douce, cette voix, chaleureuse et rassurante. Mais pour ramener la brebis égarée sur le droit chemin, il fallait bien plus qu'une voix, bien plus que ces mots : « *Aide-toi et le ciel t'aidera, car c'est de là que viendra la lumière* ».

Je n'avais que faire de ces paroles d'Évangile.

La seule lumière que je voulais revoir était celle du jour, de nos jours, était-ce trop demander ? Et puis d'ailleurs, ces demi vérités, je ne les comprenais pas. Que pouvait-il y avoir de plus dans les cieux que ce que nous possédons déjà ? L'humanité, la mansuétude, la pitié même. Est-ce que tous ces mots ne sont là que pour agrémenter nos paroles ? Ce monde avait-il les mains liées par des cordons divins, les paupières suturées par les ficelles de l'absurdité ?...

Du ciel, rien n'est venu.

C'est Gaby qui a pris sa place. Il émanait de ses yeux une telle luminescence, que tous les dieux du ciel ont dû sombrer dans le déshonneur, honteux de ne pas avoir eux aussi éclairé les parois du gouffre sans fond. C'est dans les yeux de Gaby que j'ai compris. J'ai compris que je n'étais pas morte.

Qui avait bien pu la placer sur ma route, alors que je l'avais délaissée, elle aussi depuis longtemps ?

La force. Oui, la force.

Celle qui nous attire et nous unit les uns aux autres.

La force, encore et toujours. Ceux qui la refusent se trompent. Ceux qui ne savent pas, un jour, sauront.

Oh, tu peux me regarder ! Toi, la vieille femme qui a trouvé refuge dans le miroir. J'étais belle et tu le sais. Tu le sais mais tu ne le diras pas.

J'ai été heureuse comme jamais et je l'ai crié au monde entier et toi, tu ne fais que murmurer qu'un tout petit bonheur.

Pourquoi m'en vouloir à ce point ? Pourquoi passes-tu ton temps à me contredire ?

Tu préfères me laisser croire que c'est moi qui débloque. Eh bien, laisse-moi te dire que tu as tort.

Même si tu es vieille et laide, nous aurions pu être amies, toi et moi.

Je te rappelle tout de même que ce miroir m'appartient et qu'il me suffirait de le briser pour que tu disparaisses.

Tu sais, hier, quand je t'ai giflée, je me suis fait horriblement mal. Par ta faute, je crois que je me suis encore cassé quelque chose.

Étais-tu vraiment obligée de me faire remarquer que je perdais mes cheveux en abondance ? Et pourquoi t'es-tu moquée de moi en voyant toutes ces varices sur mes jambes ?

Parfois je voudrais que tu sortes de là pour que je puisse t'aplatir comme une crêpe. Faire de toi un petit paillasson pour les jours de pluie, m'irait très bien.

Je sais, je sais que tu n'es pas moi. Si tu l'es, peux-tu me dire alors ce qu'il y avait dans l'enveloppe que Gaby m'a remise le jour de mes seize ans ?

Eh bien, j'attends !

Pourquoi ce silence tout à coup ? T'aurais-je coupé l'herbe sous les pieds ? Ton mutisme te trahit, ma pauvre amie. Tu es dans l'ignorance la plus totale et ton teint devient pâle, de plus en plus pâle, si tu te voyais, vieille chouette ! Tu fais peur à voir.

Un poème. Voilà ce qu'il y avait dans cette enveloppe.

Je n'en ai jamais oublié un seul mot. L'enfant géomètre, ça ne te dit rien ?

Je vais te le dévoiler et peut-être qu'après ça, tu cesseras de me tourmenter.

L'enfant géomètre

Pour l'enfant qui mesure la terre au nombre de ses pas
Pas des pas de géant, mais des petits pas d'enfant
Fantaisiste et fanfaron
Rond ne sera pas le compte d'ici à Singapour
Pourtant, il sera vieux avant la fin du parcours
Courir après sa jeunesse n'est pas chose facile
Si le cœur t'en dit, moi je préfère m'asseoir
Sur un chemin de terre et compter les étoiles
Toile où s'entremêlent les amours, les rêves sans visage
L'agenda du cœur se feuillette en silence
Lance-le dans la ronde, attendre et puis se taire
Terre que l'enfant mesure au nombre de ses pas

Maintenant Guillaume, je te comprends, et tu as mille fois raison.

Continue à faire vivre Émilie en toi et prends garde à ne jamais oublier le son de sa voix.

Fais que jamais ne cesse votre amour et qu'importe ce que plus tard on dira de toi.

Faire comme si, ne veut pas dire être fou. De la folie, tu en es à cent lieues…

Toulouse-Lautrec

C'était un mois à peine après le plus beau de tous mes anniversaires.

Entre Pierre et moi régnait une entente parfaite. J'étais devenue très amoureuse et malgré mon jeune âge, je me perdais chaque jour un peu plus dans la sincérité de ses « je t'aime. »

Pour qu'elle puisse accueillir cet amour, nous avions repensé entièrement la maison.

Pierre voulait qu'elle me ressemble et m'avait donné la permission de tout chambouler, alors je ne m'en suis pas privée. Tous les meubles avaient changé de place, tous, sans exception. Le vieux lit, devenu trop petit, transporté au grenier et remplacé par un neuf. Le grand placard de cuisine où dormaient des trésors inutiles retrouva sa véritable fonction.

Les boîtes vides et coffrets en tous genres qui ne servaient plus à rien, si ce n'est qu'à encombrer les tables et le dessus des armoires, furent remisés dans l'appentis. Des rideaux avaient été posés aux fenêtres et les murs blanchis à la chaux. Pour nous rappeler le bleu du ciel, nous avions suspendu au plafond de la chambre une draperie bleu paradis.

C'est dans cette pièce que nous nous sentions le mieux. Pierre y avait accroché quantité de toiles. Sur chacun des quatre murs, mon visage apparaissait. Au-dessus du lit, bien centrée entre-deux paysages magnifiques, c'est nue que je veillais sur notre sommeil.

Tous les soirs, Pierre me parlait des merveilleux jours à venir, avec une joie débordante. Je crois que jamais je n'ai rencontré d'homme aussi amoureux que lui.

De sa maison, seul le toit restait à réparer. Mais, une fois de plus, le temps nous a manqué. Le « Laisser-faire », c'est accepter les choses qui nous arrivent, aussi brutales et aussi injustes soient-elles…

Gaby allait de mieux en mieux et avait décidé de quitter pour un temps la maison d'Éden. Non pas qu'elle ne s'y trouvait pas bien, mais une obligation de famille nécessitait sa présence dans le Nord de la France. J'avais peine à devoir me séparer de ma meilleure amie, et je n'étais pas la seule. À l'unanimité, nous avions décidé de ne pas la laisser partir sans organiser une fête en son honneur. Quand on a passé, comme elle, un long séjour en enfer et que le diable vous a humilié et meurtri, seul l'amour que l'on vous porte peut vous guérir.

Gaby en était la preuve incontestable.

Lucie m'avait dit que son mal-être n'était pas contagieux, mais sa joie de vivre l'était. Sa seule présence suffisait à balayer tracas et chagrin, un seul de ses mots abattait mélancolie. Un seul geste d'elle pouvait anéantir le plus coriace des rabat-joies.

– Comment vas-tu t'habiller pour le départ de Gaby? me demanda Pierre.

– Je crois que je vais mettre ma robe bleue, celle que Lucie m'a donnée.

Bien évidemment, comme la maison de mes parents m'était interdite, c'était donc inutile d'aller y chercher mes vêtements.

Pourtant, plus d'une fois j'ai eu envie de le faire, ne serait-ce que pour leur exhiber mon bonheur en plein visage. Mais Pierre m'en a toujours empêchée. Il disait que c'était trop tôt, qu'il fallait peut-être attendre que ce soit eux qui cherchent à renouer. Comme c'était mal les connaître. Il avait juste oublié que ma mère était une effrayée, et que chez les effrayés, jamais on ne pardonne.

Je n'avais donc plus grand-chose à me mettre sur le corps. Lucie et Gaby m'avaient donné quelques robes et un ou deux chemisiers.

Pierre, avec l'argent de deux toiles vendues sur le marché d'Amboise, m'acheta tout le reste.

Là, je compris qu'avec eux, je ne manquerai jamais de rien.

Un matin de très bonne heure, prétextant le renouvellement de ses palettes, huiles et autres fusains, Pierre, musette sur l'épaule, enfourcha sa bicyclette et partit pour la ville.

– Je serais de retour pour le dîner ! me cria-t-il en s'éloignant.

Il ne revint que le lendemain, en début d'après-midi.

Un temps suffisamment long pour qu'en moi s'installe le doute. Puis le doute laissa la place à l'inquiétude, qui elle-même laissa la sienne à une immense détresse. Celle-ci m'avait fait imaginer un tas de choses. D'horribles choses qui m'ont fait pleurer et que je n'ai jamais osé lui avouer. Je crois que j'aurais étranglé cette femme de mes mains si tel avait été le cas. Mon amour dans d'autres bras que les miens ? Ah ça non ! Je n'aurais pas pu le supporter.

Une journée sans lui et déjà j'étais anéantie.

Pierre, pour se faire pardonner, me serra très fort et me fit plein de bisous partout.

– Tu m'as manqué, ma chérie.

Je n'en doutais pas, je savais qu'il était sincère.

Mais ce que je savais aussi, c'est qu'il m'avait menti. Ses gestes mal assurés le trahissaient, son regard aussi. Le mensonge manifeste généralement sa présence par une lueur dansante et narquoise au fond des yeux du menteur. Dans les siens, point de lueur dansante, mais bien pire, une mauvaise flamme qui gigotait en tous sens. Pierre n'était pas doué pour le mensonge. Qu'avait-il fait pendant tout ce temps, alors que la ville n'était qu'à quelques heures ? Pourquoi agissait-il de cette manière ? Je ne croyais pas du tout à son histoire de roue crevée. C'était, soi-disant, la cause de son retard. Comme il n'avait rien pour réparer, alors il a attendu que quelqu'un passe pour se faire prêter des outils. J'ai regardé discrètement ses mains, aucune trace, pas la moindre tache de cambouis sur sa chemise.

Me prenait-il pour une demeurée ?

Mais j'ai pensé que peut-être, ses mensonges le faisaient souffrir autant que moi, donc j'ai su tenir ma langue pour ne pas y faire entrer en plus, ma jalousie.

– Tu as trouvé tout ce que tu voulais ? lui ai-je demandé.

– Oui, oui, j'ai tout posé dans le hangar ! m'a-t-il répondu, toujours avec la même mauvaise flamme au fond des yeux.

Il savait que je n'irai pas voir, ce hangar était infesté de rats plus longs que mon bras. Quelle horreur ces bestioles !

Il passa la nuit enveloppé dans un sommeil de bienheureux. Moi je l'ai passée à cauchemarder.

– Bonjour, tu as bien dormi ?

Malheureuse comme les pierres, je me suis blottie dans ses bras.

– Oh non ! j'ai fait d'horribles cauchemars.

– C'est vrai ? Alors ne bouge pas, j'ai de quoi te faire oublier tout ça.

Il s'habilla en vitesse et sortit de la maison. Quand il revint, il posa sur le lit deux jolis paquets.

– Ouvre, c'est pour toi !

Dans le premier, une ombrelle en dentelle blanche. Le pommeau, en ivoire sculpté, représentait un buste de femme.

Dans le second, une paire de longs gants, également en dentelle.

Les mots me manquaient pour exprimer ma surprise et mon contentement. Je me voyais, impeccablement vêtue, flânant dans les rues comme le font les dames des quartiers chics. Quelle idiote ! Comment avais-je pu douter de lui ? Alors je me fis la promesse que jamais plus la jalousie ne m'envahirait.

– Connais-tu Toulouse-Lautrec ? me demanda-t-il, émerveillé de me voir heureuse.

– Euh ! Non, c'est où ? ai-je répondu.

Bien sûr, l'occasion était trop belle pour qu'il la laisse filer.

Il se mit à rire de bon cœur et s'écroula sur le lit. Pour le mettre dans cet état d'hilarité, je venais sûrement de dire une énorme bêtise. Mais quand on ne sait pas que Monsieur Henri de Toulouse-Lautrec, c'est un peintre, alors on passe fatalement pour une imbécile.

Quand il eut fini de se moquer de moi, il prit le temps de me parler de ce petit personnage à lunettes rondes et chapeau melon. Un artiste de renom que Pierre connaissait bien. Il vivait à Montmartre et était incontestablement un des maîtres du post-impressionnisme.

Montmartre, c'est là que Pierre devait m'emmener après le départ de Gaby. Nous serions allés voir son ami Toulouse-Lautrec puis après, nous aurions dîné au cabaret « le Moulin-Rouge ».

– Avec ton ombrelle et tes longs gants de dentelle, tu vas recevoir les regards des plus envieux, ça tu peux me croire !

Et quand il me cita les noms des danseuses de cancan, à mon tour je fus prise d'un fou rire qui me tint la journée entière : « La Goulue, Grille d'égout, Nini pattes en l'air, Galipette, la Môme Fromage, Demi-siphon, Cha-U-Kao la Clownesse, sans oublier le fameux Valentin le Désossé ».

Avec des noms aussi drôles, je ne pouvais que me réjouir de ce voyage à Paris.

Fidèle à ma vision des choses, mon amour pour les gens allait croissant et je n'avais nul besoin de me forcer. Je n'avais tout autour de moi que des modèles de gentillesse, alors je me laissais porter.

Éveillée, je voyais se dessiner un avenir merveilleux et sans faille.

Endormie, je le rêvais éternel et plus beau encore.

Assise, j'ouvrais sereine les portes d'un impérissable amour.

Debout, en briseurs d'éternité, Vito, Max et Lulu avaient déjà dans la tête de quoi me faire souffrir jusqu'à la fin de mes jours, et bien au-delà…

Lombric

Ce voyage à Paris, je le fis un peu plus tard, mais seule.

Pierre avait raison, les danseuses de cancan étaient vraiment des filles formidables.

Grille d'égout, ainsi nommée à cause de ses dents de devant très écartées, me fit rencontrer Charles Zidler, fondateur du Moulin-Rouge. Après quelques essais, il me fit gentiment savoir que je n'étais pas faite pour la danse. Ou plutôt, mon corps l'était, mais j'étais bien trop « provinciale » pour faire partie de la troupe. Il fallait avoir la gouaille et ne pas avoir froid aux yeux. Avec ma petite voix fluette, je n'étais vraiment pas convaincante et je fermais les paupières dès qu'un homme posait une main sur mon épaule.

Pourtant, les filles se sont acharnées des jours entiers à essayer de me forger à leur image. Démarche dégingandée, voix de crécelle et franc-parler. Le tout arrosé bien sûr d'un accent parisien.

Je les entends encore me dire : « *Allez, la girofle ! Tu vas y aboutir. Et pi écoute pas M'sieur Charlot, ce coco-là, il est barré du bigoudi ! Quand un ribouldingueur t'attrape par les endosses, t'as qu'à lui dire : Hé Philistin ! Fais péter la roteuse ou bien ça va chier du poivre ! Avec ses guignols, faut pas déraper, sinon t'y laisses des plumes !* »

Puis une autre revenait à l'attaque : « *C'est pourtant pas compliquâress ! Faut les faire cracher la mornifle. Si t'enquilles ça, t'auras pas à claquer des dents. Allez la môme, répète après moi : Hé Philistin !...* »

Les filles étaient de bons professeurs, j'étais une élève attentive et assidue, mais ça n'a pas marché.

Monsieur Charles ne voulut rien savoir.

– Allez, rentre chez toi, Gisèle ! T'es trop fragile pour ce métier. Si tu restes à Paris, tu vas te perdre.

La capitale possédait tant d'autres chemins qu'il était facile de s'y perdre. Mais qu'avais-je à perdre, juste un passé brûlant, lourd, trop lourd à porter, un fardeau. Il fallait que je m'en débarrasse, que je le pose au sol, que je le piétine. Je voulais croire que j'avais assez de cœur au ventre pour cela. De toute évidence, c'est ici que la petite provinciale que j'étais, allait pouvoir oublier sa souffrance. C'est ici qu'à coups de griffes, elle gagnera sa délivrance.

Pardonner ? Non. Juste effacer quelques heures de ma vie. Un jour c'est sûr, je retrouverai mes sourires, et Pierre sera là, paisiblement assis sur son tabouret de bois pour me complimenter. Il ne sera plus nature morte, il sera bien vivant, comme avant.

C'est ce que je pensais, vraiment.

Mais les jours ne se sont pas déroulés exactement comme je les avais envisagés, ils n'avaient rien d'un tapis de roses. Des jours sans fin, étirés en de très longs buissons épineux, saturés de sève urticante. Des jours dépouillés, froids comme la mort. Les blessures qu'ils m'ont laissées suppurent chaque fois que ma mémoire s'y arrête.

Pourtant, dès mon arrivée à Paris, au contact des filles du Moulin, j'avais retrouvé sans trop d'efforts les saveurs pétillantes de mes seize ans. Sur mon visage, les rires étaient encore un peu crispés, mais en moi ils éclataient sans retenue. La nuit, lampes, lampions, lanternes accrochés aux façades infligeaient à l'obscurité une défaite cuisante. Leurs reflets multicolores glissaient sur les trottoirs verglacés. Avec ses illuminations incessantes et gesticulantes, la butte Montmartre ressemblait un peu à la colline éclairée de la Colombière, je m'y sentais presque chez moi. Mais je ne m'attendais pas à y voir autant de monde. Petite fourmi que personne ne remarquait, j'essayais d'être à l'aise, mais je ne l'étais pas. La capitale était démesurément grande. Elle comptait des milliers d'hommes et de femmes et tous semblaient la connaître comme leurs poches. Moi, je m'y égarais souvent. Les avenues étaient longues, très longues, entrecoupées de sombres ruelles et de ténébreuses impasses.

Je me souvenais ce que Grille d'égout m'avait dit un jour :

– Va pas traîner tes *pinglots* dans les quartiers du bas. *Belle comme t'es, tu vas t'faire cravater par un hareng. Au pieu qui va t'mettre... Et pour qu'lâp encore !*

Je comprenais maintenant pourquoi. Certains quartiers n'inspiraient pas vraiment la sérénité. Plus d'une fois je me suis mise à courir alors qu'un homme me demandait l'heure ou me disait simplement « bonjour ».

La blancheur du Sacré-Cœur encore en construction éclaboussait la butte et je faisais en sorte de ne jamais le perdre de vue. Ainsi, je retrouvais toujours mon chemin. Je découvrais les yeux écarquillés tout ce dont Pierre m'avait parlé et j'avalais goulûment toutes les images que je pouvais. Je voulais les imprimer à tout jamais dans ma mémoire, peut-être pour pouvoir les raconter façon carte postale si un jour je retournais au village.

En ce mois de novembre, Paris était glacial. Cependant, je passais mon temps sur les marchés ou dans les boutiques. Il y avait tellement à voir. Sur le trottoir, emmitouflée dans ma grosse veste de laine, je regardais souvent les ouvrières de confection réaliser leur ouvrage. Les ateliers étaient à la vue de tous, directement derrière les vitrines. Des femmes aux visages souriants me faisaient de petits signes de la main. Elles m'enviaient d'être dehors et de n'avoir rien d'autre à faire qu'à me promener. Et moi, je les enviais d'être dedans, au chaud, à recevoir les caresses des beaux tissus satinés. D'autres, aux visages plus durs, faisaient mine de ne pas me voir.

Un jour, l'une d'elles a enfin daigné lever les yeux sur moi. Une femme grande et forte, les lèvres pincées, les cheveux tirés en arrière. Elle m'a fixée quelques secondes, elle n'avait pas du tout l'air commode. Alors, comme si je cherchais quelque chose à terre, j'ai baissé le regard. Entrer en conflit avec elle, je n'aurais sûrement pas eu le dessus. Elle reprit son travail, puis recommença à me toiser, l'œil mauvais. Là j'ai pensé que je ferais mieux de partir, avant que ça tourne mal.

Trop tard!

Les mains armées d'une paire de ciseaux, la voilà dehors.

– Bonjour!

Tremblotante et les yeux toujours au sol, je réponds:

– Bonjour! Je ne fais rien de mal, je fais juste que regarder, c'est tout!

– Mais ne t'affole pas comme ça, la rue est à tout le monde.

Sa voix était douce et ne correspondait pas à son physique.

– Vous me faites peur avec vos ciseaux.

– T'inquiète pas, j'ai encore jamais tué personne. Tu cherches du travail?

– Non… heu oui! Enfin je n'sais pas, faut voir! dis-je, étonnée.

– Qu'est-ce que tu sais faire?

J'ai cherché une réponse qui me mettrait en valeur, mais il fallait bien se rendre à l'évidence:

– Pas grand-chose… En fait, rien… Je ne sais rien faire.

– Impossible! s'écria-t-elle, chacun sait faire quelque chose, toujours. Je cherche une fille pour couper du tissu, ça te dira d'essayer?

Je n'ai pas réfléchi longtemps avant de lui répondre. Je n'avais pas le sou, j'avais faim et j'étais gelée.

– Oui, je veux bien!

– Tope là! Moi c'est Marie, et toi?

– Gisèle.

– Alors viens demain à huit heures, Gisèle. Je te montrerai ce que tu dois faire.

– D'accord! Alors à demain.

– À demain.

J'ai vite compris que ma place n'était pas dans ces ateliers de confection. Et malgré la gentillesse du personnel et le dévouement de Marie, je m'y ennuyais. Couper du tissu, soie ou coton, ne faire que cela à longueur de journée devenait on ne peut plus rébarbatif. J'entendais mon âme d'artiste attristée me dire : *j'étouffe ! Fais-moi sortir d'ici ou je te coupe un doigt ! Emmène-moi plutôt dans une galerie de peinture, c'est là qu'est notre place.*

Par des mots doux, j'essayais de la faire rester tranquille en lui expliquant que nous n'avions pas le choix, qu'il nous fallait être patientes si nous ne voulions pas manger avec les chevaux de bois. Parler à un mur aurait été plus efficace puisqu'il m'était impossible de la faire taire : *Je me fous de tes chevaux de bois ! Et puis l'odeur du tissu m'écœure. C'est Pierre que je veux ! Allez, fais-moi sortir de là, fais-moi rêver encore.*

Que pouvais-je répondre à cela ?...

Alors j'attendais le soir avec impatience. Là, à grandes enjambées, je remontais le boulevard jusqu'à la place Ravignan. Ce minuscule îlot triangulaire exhibait avec fierté ses marronniers, sa fontaine Wallace, ses ruelles pavées, ses volets posés de guingois et son Bateau Lavoir. Sordide et décrépie, cette grande masure abritait peintres, écrivains, poètes et autres comédiens. Ce lieu, malgré sa vétusté, allait pourtant faire un peu plus tard la renommée de beaucoup d'entre eux.

Sous les marronniers dénudés, je laissais mon âme d'artiste se dégourdir les jambes. Je la promenais tel un animal de compagnie, toute laisse détachée.

– Est-ce que tu te sens mieux ici ?

– Oh oui ! Merci. Maintenant je respire.

Enfin libre, elle sautillait comme une puce et filait droit devant. Incontrôlable, elle voulait tout voir, tout entendre, tout sentir. Puis, fatiguée, elle me revenait et me faisait flâner, m'entraînant dans les moindres recoins de ce quartier montmartrois. Quartier turbulent où les noctambules braillaient leur humeur fêtarde jusque très tôt le matin. Quartier où les rires s'entretenaient comme on prend soin d'un feu pour qu'il ne meure jamais.

À chaque coin de rue, les rouges braseros réchauffaient le cœur et les mains des passants. Je pouvais facilement différencier les pauvres des riches. Les premiers portaient des casquettes, les seconds, des chapeaux. Les femmes de pauvres, avec leur foulard sur la tête, s'enroulaient dans d'épaisses écharpes de laine, tandis que des peaux de renard ornaient le cou des femmes les plus aisées. Les enfants de pauvres, morveux jusqu'aux joues, traînaient leur misérabilisme du matin au soir sur le pavé des rues. Les enfants de riches, je n'en ai jamais vu la queue d'un. Je pensais que peut-être, pour le plus grand bien de l'humanité, les rupins avaient arrêté de se reproduire.

Mais autour des braseros, la condition des uns ou des autres importait peu. Il n'y avait là que des êtres frigorifiés et il n'était pas rare de les voir rire ensemble d'ailleurs. Assis sur les marches, au seuil des maisons, riches et pauvres décortiquaient des marrons chauds. Le vendeur les plaçait dans des cornets de papier journal et les épluchures servaient à réalimenter son feu.

Les fesses posées sur les mêmes marches, riches et pauvres à la même hauteur. Les doigts noircis, le nez qui coule, riches et pauvres engourdis du même hiver, animés du même feu.

Qui ? Qui d'autre que le froid peut se vanter d'unir ainsi les êtres ?

L'hiver a un langage que moi, vieille femme, je peux entendre. Il est d'une telle simplicité que l'homme politique sera toujours assez crétin pour ne jamais en comprendre un seul mot !

Parfois, rue Lepic, sur des caisses, sur des cartons, ou à même le sol, les joueurs de bonneteau manipulaient adroitement trois cartes. Sous le regard aiguisé des pigeons : Hommes et oiseaux, c'est l'as de cœur qu'il fallait trouver.

Par des gestes habiles, les cartes vibrionnaient de droite et de gauche.

- Suivez bien l'as de cœur!

Les doigts des badauds se tenaient prêts à pointer ladite carte, les miens aussi.

- Où k'est t'y? L'as de cœur, où k'est t'y?

J'avais gagné deux francs aux ateliers de coupe, je les ai misés sur la carte du milieu, persuadée que l'as y était.

Perdu!

Sous mon doigt, la dame de trèfle! Elle semblait elle aussi me dire: Tu es vraiment trop provinciale, Gisèle!

J'en avais gros sur le cœur. Perdre deux francs de cette manière! Hélas, pas moyen de les récupérer. Ni mes sourires, ni mon charme, pas même mes pleurs n'ont fait plier le bonneteur. De mon travail de coupe, il ne me restait plus que des ampoules sur les doigts. Avec ses deux yeux et son nez rond, la paire de ciseaux est l'objet le plus stupide que l'homme ait jamais créé.

Jour après jour, place Ravignan, je me rapprochais un peu plus de ces âmes semblables à la mienne. Je n'osais encore parler, mais je savais que j'allais le faire. Il me fallait juste un peu de temps. Après ce que je venais de vivre à l'Éden, je voulais d'abord savoir dans quel sens tournait leur monde.

Ces artistes n'entraînaient que très peu de femmes dans leur sillage. Celles qui étaient là ne me ressemblaient guère. Dans l'art de séduire, elles excellaient, ce qui ne faisait pas d'elles de mauvaises filles pour autant. Juste des demoiselles aux mains expertes, douées de leur bouche, des virtuoses du matelas. Elles abordaient les hommes avec une incroyable aisance, sans distinction d'âge ou de rang. S'accrochant à leur cou, elles leur promettaient, pour quelques francs, de leur faire oublier la rudesse de la vie. J'enviais cette désinvolture qui les rendait fières et droites, alors que la morale aurait voulu qu'elles marchent tête baissée. J'enviais leur courage et la maîtrise de leurs sentiments, mais le désir de liberté était sans nul doute notre seul point commun.

Je logeais dans une petite chambre, juste sous les toits, que Cha-U-Kao m'avait trouvée. Chambre, pas vraiment. Plutôt un réduit crasseux qui hébergeait déjà plusieurs familles de petites bestioles en tous genres. Une chaise, une commode, un lit. Ici j'ai appris ce que voulait dire « *solitude* ».

Au cours de mes insomnies et avec beaucoup de patience, j'avais réussi à domestiquer un jeune couple de cafard : Bouffi, avec son ventre rond, et Le Haineux, petit mais toujours prêt pour la bagarre et la destruction. Un vrai chef de guerre ! Dans la société des hommes, on l'aurait décoré et appelé Mon Général.

Les Parisiennes avaient un franc-parler et possédaient un vocabulaire que je ne comprenais pas toujours. Alors, toutes les nuits je répétais à voix haute les mots que j'avais entendus durant la journée. Je ne voulais plus être traitée de provinciale. L'accent m'est venu assez facilement.

Après quelques semaines passées à écouter et à observer, un homme, excentrique au plus haut point, est venu vers moi.

– Bonjour ! On t'voit souvent par ici, tu bosses dans l'coin ?

Avec aisance j'ai répondu :

– Ouais, aux ateliers de confections. Aux ciseaux que j'coupe du tissu ! Mais bordel de bois, j'en ai plus que marre de c'boulot ! J'aimerais quelque chose de plus... artistique !

– Voyons voir... Plus artistique ? Alors gentil lombric, avec ton joli physique, tu tombes à pic ! J'ai peut-être ce qu'il te faut ! Ou plutôt, j'ai ce qu'il te faut ! Mais dis-moi, t'es pas bourge au moins ? Sans ça, tu peux crever, t'auras rien.

– Moi ? Bourge ! Non, mais t'as vu comment j'suis nippée ? J'ai rien d'une face blanche.

Et pour bien appuyer ma condition, j'ai envoyé sur le sol un crachat monstrueux. L'excentrique n'eut plus aucun doute à mon sujet.

Le crachat, leçon apprise et retenue. Un bon crachat bien placé vaut mieux que dix insultes. Si les filles m'avaient vue ce jour-là, elles auraient été fières de moi.

L'excentrique, large chapeau noir, écharpe rouge, pantalon de velours et bottes de cuir, mit une main sur mon épaule. Il plaça un sourire dans le coin gauche de sa bouche, ce qui fit remonter sa joue et fermer son œil. Dans l'autre se trouvait toute la malice d'un homme drôle.

– Holà ! le Lombric. Te mets pas en pétard. Toi et moi, on est pareils ! Les rupins, au chagrin ! Tu connais le cabaret *Le Chat Noir* ?

– Ouais, je suis passée plusieurs fois devant, mais je n'y suis jamais rentrée.

– Y cherche quelqu'un là-bas, pour les ombres. Demande Henri Rivière et dis qu'tu viens d'ma part, tu s'ras bien accueillie. Tu verras, il est un peu râleur mais pas méchant pour deux sous. Surtout dis z'y qu'tu viens d'ma part, hein !

– Ouais, mais d'la part de qui ?

– Bruant... Aristide Bruant ! Tu t'rappelleras ?

– Pas d'problème, Bruant, j'ai une mémoire d'éléphant !

Le Chat Noir. Mauvais présage ? Allons donc ! La bête n'est pas responsable de la couleur de son pelage, encore moins de nos niaiseries. J'ai donc décidé d'aller voir ce cabaret le lendemain matin. Là, sur la porte, une pancarte indiquait : *Recherchons une personne pour le Théâtre d'ombres.*

Je n'ai pas hésité une seconde. C'est le mot « *théâtre* » qui m'a fait pousser cette porte et entrer. J'ai tout de suite été accueillie chaleureusement par une horrible odeur de tabac froid. Mêlé aux émanations d'alcool, ce mélange détonnant a bien failli me faire vomir. Après quelques haut-le-cœur, je fus subjuguée par la beauté des lieux.

Lustre de cristal et fer forgé, dorures, draperies, meubles Louis XIII je crois, ornaient murs et plafond. Seul l'ivrogne endormi le nez écrasé sur une table faisait tache. Au fond de la salle, telle une statue, une femme appuyée sur un balai malade se raclait la gorge. Tous deux avaient l'air épouvanté par le ménage qui restait à accomplir. Je fis quelques pas dans leur direction.

Je m'appelle Gisèle, je viens pour l'annonce ! Est-ce que Monsieur Rivière est là ?

La femme se mit à hurler :

– M'sieur Henri ! Y a quelqu'un pour vous !

Au fond de la salle, derrière une immense toile tendue, un homme passa la tête sur le côté et dit :

– Bonjour ! C'est pour quoi ?

– J'viens d'la part de Bruant... Pour les ombres !

– C'est toi, Lombric ?

– Ouais ! j'crois bien qu'c'est comme ça qu'il m'a app'lée.

Visiblement, Aristide avait déjà parlé de moi. Ce surnom, dû à ma grande taille, allait-il me poursuivre ? Mais en posséder un voulait dire que déjà on était accepté. Et puis Lombric me plaisait bien, je le trouvais rigolo. Je l'ai gardé jusqu'à ce que je quitte définitivement Paris.

Henri me fit visiter les lieux et m'expliqua en quoi consistait le théâtre d'ombres : Derrière une toile tendue était placée une source lumineuse, suffisamment éloignée pour que la lumière prenne la largeur de l'écran. Ensuite, entre la lumière et la toile, un décor était inséré. Maisons, arbres, buissons, découpés dans du carton ou dans du zinc. Puis, posés sur des glissières, différents personnages évoluaient dans ce décor. Une autre source lumineuse traversait des verres de couleur et donnait à ce spectacle une dimension supplémentaire. Pour finir, les mélodies d'un piano donnaient vie à toutes ces ombres.

– Alors le Lombric, qu'est-ce que t'en penses ? Ça t'intéresse de travailler avec nous ?

– Et comment qu'ça m'intéresse ! Je commence quand ?

– Tout d'suite si tu veux !

– D'accord ! Qu'est-ce qui faut que j'fasse ?

Là, j'ai vu son visage s'illuminer tel un bistrot, un jour de fête.

– Suis-moi, c'est par là que ça s'passe !

Nous avons traversé la salle, sommes passés derrière l'écran et avons emprunté un petit couloir.

– Bien sûr, au début, tu n'auras qu'un maigre salaire. Mais si tu te débrouilles bien tu pourras gagner plus. Au Chat Noir, on aime bien garder notre personnel, alors on fait en sorte qu'il s'y sente bien. Si t'as le moindre problème, tu viens m'en parler, d'accord ?

– Comptez sur moi !

À force de persévérance, j'allais enfin avoir ma place dans ce milieu qui me faisait tant rêver. Mon âme d'artiste jubilait. Elle me secouait dans tous les sens en criant : *Tu as gagné, Gisèle et tu peux à nouveau sourire, plus jamais tu ne couperas de tissu ! Tu m'entends, plus jamais !*

Au bout du couloir, Monsieur Henri ouvrit une porte. Elle donnait sur les coulisses. Il me fit entrer la première.

– Voilà, nous y sommes. C'est ici que tu vas travailler.

Il sortit de grands panneaux de carton sur lesquels étaient dessinés des paysages.

– Je veux que tu découpes avec soin toutes ces formes !

Et il me mit dans les mains une paire de ciseaux !

Étais-je frappée d'une malédiction ?

Le Chat Noir est venu à moi comme un cheveu sur la soupe. Sans lui, j'aurai mis moins de temps à dégringoler, c'est tout. Mais l'issue aurait été la même parce que même accompagnée, j'étais seule, crédule, rêveuse et encore trop provinciale. L'issue aurait été la même parce que je voyais Pierre partout. Dans les rues, assis, de dos, de face. Je n'arrivais pas à oublier le son de sa voix. Elle était quelquefois devant moi, quelquefois derrière. Elle envahissait mes nuits, toutes. Elle vibrait dans mes non-sommeils aussi.

Sournoisement, le gouffre sans fond m'attendait à quelques mois de là, avec ses plaisirs artificiels et son cortège de mauvais rêves.

Ce travail était juste une main tendue, sans force. Juste une passerelle.

Oui, juste une passerelle brinquebalante, sans garde-corps, débouchant sur un futur immuable, le mien.

Après quelques jours de découpage, le travail est devenu plus intéressant. Il s'agissait de placer les décors à bonne distance de la lumière et de l'écran pour que leur ombre ne soit ni trop grande, ni trop petite. Plusieurs essais étaient nécessaires, plusieurs heures aussi, avant que toutes les proportions soient respectées. Cela se jouait au centimètre près et demandait des gestes précis. Assis au milieu de la salle, Henri Rivière et Rodolphe Salis dirigeaient les opérations. Ils exigeaient la perfection, alors il me fallait rester calme, très calme pour qu'enfin je puisse entendre : *C'est parfait, Lombric ! Ne touche plus à rien.* Une fois le décor en place, moi, j'avais terminé mon travail. Quelqu'un installait les différents personnages en zinc sur les glissières et, comme moi, réglait leur ombre. Mise en place des couleurs sur la toile, mise en place des mélodies, mise en place de la voix du narrateur. Magnifique ! Éblouissant ! Tout était prêt pour que les spectateurs se laissent emporter dans un autre monde, celui de Rivière et Salis.

Le lendemain soir, la salle était bondée. Plus une seule chaise vide ! J'allais enfin pouvoir assister au spectacle tout entier. Mais avant cela, les chansonniers et les bonimenteurs étaient chargés d'éparpiller la bonne humeur au travers de la foule. Ils étaient tour à tour lyriques, réalistes, satiriques ou graves, républicains, parfois aristo, mais anarchistes souvent.

Tous les plus grands artistes se retrouvaient ici. C'était aussi le lieu de rendez-vous des plus grands ennemis de l'eau.

Bruant me présenta ses amis, dont Toulouse-Lautrec. C'est par lui que j'ai appris que Pierre venait souvent ici. Alors, pour l'encourager à parler encore de mon amour, j'ai affiché sur mon visage la clé qui ouvre tout et je me suis nourrie de ses paroles. Il en parlait si bien que je n'ai pas trouvé le courage de lui dire qu'il ne reviendra plus.

Le Chat Noir se distinguait des autres cabarets par une volonté criante à vouloir que toutes les nuits soient fêtes. Alors, pas de frontières aux envies les plus folles. Il fallait traquer le silence, le tuer avant qu'il nous tue.

Deux ans. C'est le temps qu'il m'a fallu pour sombrer. Deux ans et j'étais devenue celle dont ma mère m'avait si souvent parlé. Une jeune fille à la mine déconfite, haleine fétide et voix nasillarde. Une jeune fille qui avait mis son âme à croupir en fond de cale pour mieux ressentir l'ivresse des vents. Dépravée, même pas honteuse, assoupie dans les fumées d'opium. Malhonnête, cruelle et vengeresse quand les démons de l'absinthe venaient l'écorcher vive. Juste une jeune fille qui, en voulant se mesurer à l'âpreté de la vie n'avait pas trouvé suffisamment de force pour vaincre sa tristesse.

Puis un jour, Henri Rivière, qui n'avait pas l'habitude de mâcher ses mots, me prit par un bras et me secoua comme un prunier.

– Écoute, Lombric, ça ne peut plus durer ! Tu fais n'importe quoi !!! Je t'avais pourtant prévenue. Alors maintenant tu prends la porte et tu te casses ! Si un jour, j'ai besoin d'épave dans ton genre, je te le ferai savoir. Allez hop, du vent !

Et je me suis retrouvée dehors avec sur les bras l'amertume de mon échec. Alors je l'ai crachée dans un mouchoir et, sur le trottoir de la rue Francœur, j'ai brûlé le tout. Les méthodes de Cha-U-Kao étaient très efficaces pour apaiser les douleurs du cœur. Ainsi je n'ai laissé derrière moi qu'un petit tas de cendre que tout le monde a piétiné. Un petit tas de cendre, pas plus gros qu'un nid d'oiseau, que le vent a fini par faire disparaître.

J'avais devant moi deux possibilités. Retourner à la Colombière, en sachant pertinemment que la mort m'attendait les bras ouverts, ou rester à Paris et mourir à petit feu.

Pour mon retour au village, je n'attendais pas de comité d'accueil avec fanfare et flonflon. Je l'avais quitté sans lamentation de personne, y revenir n'a rien changé. On me tenait pour responsable de tout ce qui s'était passé. Je n'avais pas encore posé ma valise que déjà les yeux accusateurs me toisaient de la tête aux pieds. Derrière moi, les nuées de bavardage bien baveux giclaient leurs écumes sur mes épaules : *Tiens, revoilà la petite salope, la diablesse, la putain des artistes. Celle qui traîne la mort derrière elle…*

Les méchancetés étaient lancées sans retenue. Elles se voulaient volontairement blessantes pour que je porte à moi seule la responsabilité du crime de l'homme que j'aimais. Ces crétins savaient pourtant que le vrai coupable, celui qui mangeait à leur table et buvait dans leurs verres, dormait maintenant en prison. Mais c'était leur ami. Il était donc plus facile de me rejeter la faute. Alors moi, dix-huit ans à peine, j'ai endossé la mort de mon amour, sans rien dire. Ainsi, ils pouvaient s'en donner à cœur joie. M'insulter les rendait braves, la bravoure des lâches.

Comme les gens se rallient plutôt à la cause des plus forts, histoire de ne pas être jugés à leur tour, même le regard de La Bancale avait changé. Bien que je n'aie jamais eu d'elle aucun reproche, elle est devenue froide et distante, m'évitait, baissait les yeux comme si dans les miens elle y voyait le diable. Je crois que de toutes les personnes qui m'ont tourné le dos, elle est celle qui m'a fait le plus de mal. Ne pouvant trouver en moi la force de lui en vouloir, je lui ai donc laissé la place qu'elle occupait… Ils étaient bons tes caramels, La Bancale.

Elle était là, ma sentence. Rejetée de tous, condamnée à vivre seule, sans amis.

J'ai dénoué le cordon d'autour de mon cou pour y saisir la clé, puis j'ai ouvert. Deux ans que le bonheur y était enfermé, dans un noir d'encre.

Comme il l'aurait fait, j'ai commencé par allumer un feu. Pour le café, il aurait mis de l'eau à chauffer, j'ai fait chauffer l'eau. J'ai souri parce qu'en se frottant les mains, il aurait souri. Puis il aurait ouvert les volets, je les ai laissés fermer. La chaise qu'il aurait tirée pour s'asseoir, je m'y suis assise. Pendant que, jambes tendues j'appréciais mon repos, le feu crépitant faisait gesticuler des ombres sur les murs. Selon les flammes, elles étaient quelquefois apaisantes, quelquefois fantomatiques. Coudes sur la table, sa table, je cherchais dans ces ombres ses traits. Puisque la mort n'avait pas emporté son odeur, elle avait probablement aussi laissé son image. Et l'on peut voir quantité de choses dans les ombres de la maison de celui que l'on aime. Même mort, on peut y entendre sa voix. Ne serait-ce pas là la preuve que rien ne disparaît jamais totalement ? Ne serait-elle pas là, la faiblesse de la faucheuse ? Vouloir toujours laisser derrière elle une trace ! J'aurais tellement apprécié être dans le vrai. Mais non, ce que j'apercevais sur les murs n'était rien d'autre que les volutes de mon amour. Mon amour, intact. C'est lui qui se faisait entendre et se jouait des ombres.

Quand la bouilloire s'est mise à chuinter, j'étais dans le bleu, enserrée des bras de Pierre. En me berçant, il chuchotait : « *Tu es forte, alors ne t'en fais pas. Rien, rien n'effacera ton amour, mais tu dois me laisser partir. Souviens-toi toujours de ces paroles, le sourire ouvre tout ce qui est clos, ne l'oublie jamais.* »

J'aimais croire qu'il pouvait encore me guider, me dire comment vivre, comment aimer. Mais comment le laisser partir sans pour cela l'oublier ?

Le café que j'ai bu juste après était si amer que je l'ai recraché dans l'évier. Les moisissures avaient colonisé la boîte, ce qui m'a dégoûtée à tout jamais du café. Pierre avait dû la fermer mal. D'ailleurs, il ne fermait jamais rien. Même sa maison restait ouverte, au cas où le froid, la faim, la fatigue auraient surpris quelques voyageurs.

Les trois jours qui ont suivi, je les a passés allongée sur le lit. Ma mémoire a fait revivre minute après minute les joies et les peines de tout ce temps passé. Rien ne lui a échappé, elle n'en a pas laissé une miette. Une longue réflexion sur mon envie de continuer seule le chemin s'en est suivi, avec pour conclusion, l'impossibilité de vivre sans Pierre.

Ce n'est qu'en trouvant sur l'oreiller un de ses longs cheveux noir que j'ai compris ce que voulait dire : « *Tu dois me laisser partir.* » Cela impliquait que, moi aussi, je devais m'en aller. Me laisser mourir n'aurait fait de tort à personne. Aucune peine, aucun regret ne serait venu contrarier les bonnes consciences.

Un cheveu, c'est tout ce qui me restait de lui. Ma vie y était suspendue. Je l'ai enroulé délicatement autour de mon doigt, j'ai serré le poing, remonté le drap pour me couvrir entièrement, et je n'ai plus bougé. Ma décision était prise, je ne bougerai plus jamais. Et je n'ai plus bougé… Et je n'ai plus pensé…

J'ai laissé ainsi filer le temps et à aucun moment, je n'ai regretté ce que j'étais en train de faire.

Des jours, des nuits, combien ? je ne sais pas. Mon corps en souffrance implorait ma pitié, réclamait sa pitance, mais bien plus fort était mon esprit. Une agonie parfaitement maîtrisée, mais traitée avec dignité. Une flamme chancelante que je voulais éteindre en douceur.

Des jours, des nuits, combien? je ne les ai pas comptés. Il y a eu l'appel des brumes, le silence, ma flamme décapitée et… l'envol… libre… enfin…

– Gaby, c'est toi? Mais… Mais on est où là? Qu'est-ce… qui se passe…?

Je… J'étais… Je suis morte, Gaby, tu ne… peux pas être… là…

– Chut! Tout va bien, repose-toi. Tu es encore trop faible pour parler. Je m'occupe de toi, tout ira bien maintenant.

De par mes paupières entrouvertes arrivaient des images floues. Un peu comme si j'essayais de regarder au travers d'une paire de lunettes embuées. La pièce tournait dans tous les sens. Elle entraînait avec elle l'armoire, le lit, la commode, le chandelier, le tapis, la fenêtre, la lumière du jour et les nuages. La main de Gaby, tel un gant d'eau fraîche, me caressait le visage, ce qui m'empêchait d'être emportée moi aussi dans cette course folle.

– Mon cheveu, il… n'est plus… sur mon… doigt! Retrouve-le, s'il te… plaît, retrouve le cheveu.

– Oui, Gisèle, je vais le retrouver. Mais tu sais, les cheveux ne poussent pas sur les doigts. Et puis arrête de parler, tu délires et tu me fais mal.

J'entendais les mots de Gaby, mais je n'en saisissais pas le sens. Ils m'arrivaient par vagues, se bousculaient, se mélangeaient en une purée de mots qu'il me fallait déchiffrer. De leur union naissaient des mots inconnus, me plongeant dans les douleurs de l'incompréhension, dans les frayeurs du néant.

Oui, j'étais effrayée. Effrayée par la peur qui m'envahissait. Une peur qui me poussait vers le regret, non pas d'avoir voulu mourir, mais d'être encore en vie. Une peur des souvenirs qui viendraient à nouveau me hanter, avec les mêmes grossièretés que l'on va me lancer. Une peur de chaque été que je vais encore devoir affronter et de l'amour que je serai incapable d'oublier.

Puis les jours sont passés. Les mots de Gaby sont devenus lisses, agréables à entendre. Les miens ressemblaient plutôt au tricot d'une débutante. J'essayais alors de combler les trous par des gestes. Gestes disgracieux, désordonnés. Ils étaient le reflet de mon état et je comprenais leurs messages. Si la mort m'a recrachée, moi, je l'avais sûrement embrassée.

Toujours alitée et bien trop faible pour me mettre debout, je buvais sans rechigner l'affreux bouillon de légumes que Gaby me préparait. Ma vision restait trouble, pourtant, de toute évidence, je ne me trouvais plus dans la maison de Pierre. C'est l'odeur qui m'indiqua le lieu. Ces senteurs florales, je les connaissais bien. Elles sont liées à tout jamais aux plus beaux de mes jours. Alors, petit à petit, elles m'ont apaisée.

Un peu plus tard, ayant retrouvé la normalité de ma voix :

– Comment suis-je arrivée jusqu'ici, à l'Éden ?

– C'est moi qui t'y ai amenée. J'avais entendu parler de ton retour par les gens du village. Mais comme je ne te voyais pas venir, j'ai pensé que tu me faisais la tête. Alors j'ai attendu. Huit jours sont passés et toujours pas de nouvelles de toi. Je suis allée chez Pierre, tout était fermé. J'ai cherché dans un placard de la remise, j'y ai trouvé une clé. Par chance, c'était celle de la porte. J'ai ouvert et je t'ai trouvée allongée sur le sol de la cuisine.

– Je n'étais pas sur le lit, sous un drap ?

– Non, sur le sol glacé de la cuisine, près du fauteuil.

– Tu en es sûre ?

– Mais enfin, je sais ce que je dis ! Aussi nue qu'un ver ! Tu as failli mourir, tu sais. Je suis arrivée au bon moment, quelques heures de plus et c'était fini. Alors je t'ai enroulée dans une couverture et je t'ai portée jusqu'ici. Tu es devenue si maigre qu'un gamin de cinq ans aurait pu le faire.

– Et depuis combien de temps suis-je ici ?

– Ça fera dix jours demain. Mais dis-moi, et sois franche, s'il te plaît… Tu as voulu mourir ?

Je n'avais pas l'intention de lui mentir. Même si je savais qu'elle n'allait pas se gêner pour me sermonner, j'assumais pleinement mon geste. Mon repentir, je m'asseyais dessus comme on se cale sur une chaise.

– Eh bien oui, j'ai voulu en finir !

– Ri-di-cule !

– Si tu crois que c'est facile de vivre au quotidien avec toutes les choses que je ressasse. Mais tu n'peux pas comprendre… Et puis il y a les gens ! C'est affolant tout ce qu'on peut dire sur moi.

– Oh si, je peux comprendre !

J'attendais la suite, les éclats de voix, la morale, la paire de claques, le jugement. Rien de tout ça n'est venu.

– C'est tout ?

– Oui, c'est tout ! Qu'aurais-tu voulu entendre ?

– Je n'sais pas, moi ! Je te dis que j'ai voulu mourir et c'est tout l'effet que ça t'fait ?

Gaby a toujours été imprévisible. Je crois que dans son jardin, elle n'y entretenait pas que des fleurs, elle y cultivait aussi l'art de retourner la situation, de remuer le couteau là où ça fait mal. Et elle le faisait à merveille.

– Oh, bien sûr, me dit-elle en me passant une tasse de thé, je pourrais essayer de te faire regretter ce geste stupide, mais je ne le ferai pas. Sais-tu pourquoi ?

Désarçonnée, je fis « non » de la tête.

– Parce que je suis convaincue qu'en voulant perdre la vie, pas une seconde tu n'as pensé à moi.

Sa main me caressait les doigts, et je restais muette.

Gaby, ma Gaby, si tu savais comme je m'en veux. Je ne suis qu'une égoïste, une idiote, une tête creuse. Gaby, ma Gaby, si tu pouvais lire dans mes pensées les mots que j'écris. De toutes mes for-

ces, je les crie. Entends-les et surtout, ne m'en veux pas. Je n'ai pas songé au mal que je t'ai fait, ni à celui, bien plus grand, que j'aurais pu te faire. Gaby, ma Gaby, regarde mes yeux, ils te disent que je n'ai pas pensé à toi, pas une seconde. Pardonne-moi…

– Tu ne trouves pas que c'est un peu facile de me faire ces yeux de chien battu ? Réponds à ma question. Tu n'as rien à craindre, la morale tu sais, ce n'est pas mon truc.

Après quelques profondes respirations, je me suis décidée :

– Je… Je n'ai pas pensé à toi… Pas une seule seconde.

– Alors dans ce cas, c'est moi la responsable ! me dit-elle en soupirant.

– Qu'est-ce que tu veux dire, responsable de quoi ?

– Si j'avais su te dire avant à quel point je t'aimais, tu n'aurais sans doute jamais fait cela. Ta vie m'est précieuse, Gisèle… À l'avenir, souviens-t-en !

Pour bien faire entrer ces mots dans ma mémoire, elle s'est mise à tapoter mon crâne avec son doigt. Puis elle reprit :

– Je ne pourrais jamais remplacer l'amour que Pierre te portait…

– Personne ne le pourra !

– Je sais… Mais laisse-moi au moins te rendre ce qu'un jour tu m'as donné.

– Quoi donc !

Les yeux dans le vague, elle laissa filer un échantillon de silence.

– Quoi donc… Qu'est-ce que je t'ai donné ?

– L'envie de vivre, Gisèle, l'envie de vivre. Sans toi, j'aurais peut-être fait ce même geste insensé. Il y a une chose que tu ignores encore. Ce n'est pas le hasard si Pierre nous a fait nous rencontrer. Toi et moi, unies comme les doigts de la main. Je savais que tu allais venir, je t'attendais. Je te dirai bientôt pourquoi.

Quand je fus parfaitement rétablie, j'ai longuement réfléchi à ce douloureux sentiment que l'on appelle l'Amour. L'impact qu'il a sur nous quand on le perd est identique à celui que l'on trouve. Il frappe partout de la même force et toujours au même endroit. Gaby m'avait fait comprendre que sur terre on ne vit jamais seule. Il y a toujours quelqu'un qui vous aime, toujours quelqu'un à aimer, toujours quelqu'un pour qui on compte. On n'a pas le droit de se tuer comme on tue le temps. D'ailleurs, le temps ne se tue pas, on attend seulement qu'il passe, et il passe. Si la mort m'avait pris, je ne perdais pas que la vie, l'amour aussi je le perdais. Le mien, celui de Pierre, celui de Gaby.

Je n'ose même pas penser à ce que serait le monde sans lui…

Fort heureusement, de mes dix jours de coma, je n'ai gardé aucune séquelle. Il aurait pu me laisser des traces irréversibles, mais non. Aidée de Gaby et de son amour, j'ai pu réapprendre à marcher, réapprendre à manger, réapprendre à aimer. Pour la vision, il m'a fallu un peu plus de temps pour la retrouver totalement. De longues promenades dans le jardin nous ont aidées à mieux nous connaître. C'est là que j'ai vraiment compris ce que je représentais pour elle, et ce qu'elle faisait là, au milieu des fleurs, à m'attendre.

Quand elle n'était encore que Gabrielle des Rues, une diseuse de bonne aventure est venue vers elle, un soir.

– Donne-moi ta main, petite ! Sais-tu que ton avenir s'y trouve ?

– Laisse-moi tranquille, grand-mère ! Mon avenir n'est pas dans ma main, il est dans mon cul !

Mais elle tendit tout de même sa main, des fois que la vieille femme y aurait vu des choses, des choses agréables à entendre. Sait-on jamais !

– Très belle ligne de vie, très prononcée, c'est bien, très bien ! Ligne de tête un peu confuse… Quelques chagrins, mais rien de grave… mais il faut quand même faire attention ! Ligne de cœur claire et profonde… Tu es une fille sincère et respectueuse… Très belle ligne de chance, pas un accroc… Peux-tu me dire ce que tu fais dans la rue avec une main pareille ?

– Justement, je pensais que tu allais me le dire ! C'est vrai quoi ! C'est ton boulot après tout !

– Ah ! Pour ça, il faut consulter les cartes… C'est elles qui nous le diront. Veux-tu en savoir plus ?

– Allez, sors tes cartes, grand-mère. De toute façon, c'est mort pour ce soir, je ne ferai pas une tune !

D'une voix malicieuse, elle lui demanda de tirer trois cartes.

– Bien ! Maintenant, choisis un chiffre pour chacune d'elles.

Gaby ne croyait pas à ces prédictions. Elle le fit uniquement parce qu'elle trouvait cette vieille femme sympathique. Alors pour la première carte, elle donna le jour de sa naissance, son âge pour la deuxième. Le huit fut attribué à la troisième carte, c'était le numéro du porche sous lequel elle se trouvait. Comme le langage des cartomanciennes est le plus souvent idyllique, elle s'apprêtait à recevoir en plein visage un avenir magnifique. Un avenir aux côtés d'un prince, avec de beaux enfants, des terres, des chevaux… des domestiques. Elle en aurait mis sa main au feu. Ce qu'elle allait entendre ce soir-là était loin, très loin de tout ça.

– Fais-moi voir cette première carte et dis-moi le chiffre que tu as choisi.

– Le 26.

– Tu n'auras pas la richesse puisque tu l'as déjà eue. Mais ce n'est pas cela que tu recherches. Je vois une discorde avec ta famille, un abandon… Et ce n'est pas la rue qui te donnera la réponse aux questions que tu te poses. Donne-moi la deuxième carte ! Quel est le chiffre ?

– Le 19.

– Une colline… Des arbres… Je vois une grande maison, des hommes, des femmes. C'est peut-être des artistes parce que le dix-neuf annonce la naissance des couleurs. Des peintres, probablement !

Ils t'attendent… Trouve cette colline et tu trouveras ce que tu cherches… Troisième et dernière carte!

– Le 8.

– Tiens! Des fleurs… Tu aimes les fleurs?

– Je n'ai rien contre, mais je ne peux pas dire que j'ai une affection particulière pour elles.

– Pourtant ce sont les fleurs qui vont t'aider à oublier, mais… mais tu resteras fragile… Une femme viendra… Non! une jeune fille… Une jeune fille avec des yeux très clairs, il faudra lui faire confiance et tout lui raconter. C'est elle qui te sauvera. Mais attention! elle ne pourra pas tout absorber, alors tu devras veiller sur elle comme sur toi-même… Voilà ce que les cartes révèlent. Maintenant donne-moi une petite pièce… Merci! Crois-moi, trouve cette colline et tout ira bien.

Un peu plus tard, un baluchon sur l'épaule, Gaby prit la route et se laissa guider par son instinct. Elle s'arrêta à la Colombière, fin du voyage.

Voilà pourquoi, elle et moi, nous sommes unies comme les doigts de la main. Elle m'a sauvée d'une mort certaine, et sans moi, certainement qu'elle serait morte. Les cartes auraient-elles ce pouvoir?

– Tu sais, Gaby, un jour je retournerai à Paris, lui dis-je au milieu d'un repas. Là-bas, la vie est tellement différente. Ici, tu le vois bien, plus personne ne me parle et je ne parle plus à personne, à part toi bien sûr! Et puis à Paris, il y a tous ces peintres qui… Oh non, Gaby! S'il te plaît, ne me fais pas la tête, je n'ai pas dit que je partais demain…

– Je n'fais pas la tête! C'est juste que j'ai horreur de ce genre de discours!

Après tout ce que tu m'as raconté sur ta vie là-bas… Tu dois être inconsciente, ma pauvre… Oui c'est ça, inconsciente!

– Eh bien, on part ensemble si tu veux… À deux, ce sera plus facile. Tiens ! j'ai déjà notre surnom : Les inséparables… Non ! j'ai encore mieux : Le pouce et l'index ! Comme je suis la plus grande, c'est moi l'index !

– Et moi le pouce parce que je suis la plus grosse ! C'est ça qu'tu veux dire ?

Il y avait si longtemps que nous n'avions pas ri que ces derniers mots ont suffi pour allumer la mèche. Des rires, des vrais, par dizaines, en rafales. Des rires, à ne plus pouvoir terminer le repas et glisser sous la chaise comme des serpillières humides. Une hilarité fracassante, comme si nous voulions infliger à l'amertume une sévère correction.

Après de très longues minutes et des douleurs aux joues :

– Au fait, Gisèle, pourquoi on rit ?

– Euh… Je n'sais plus ! Mais Dieu que ça libère !

Une trêve ? Oh, non ! Chaque nouveau mot prononcé était systématiquement détourné, puis transformé pour que le rire demeure. Pendant que Gaby pleurait des étoiles, un long fil de bave me reliait à la table. Mais ce n'était pas un fil de bave comme les autres. Celui-ci avait l'aspect d'une corde à nœuds. J'ai vu le bonheur s'y accrocher et grimper jusqu'à ma bouche. L'occasion était trop belle, j'ai entrebâillé mes lèvres, le bonheur est entré, je n'en ai fait qu'une bouchée. J'avais tellement faim de lui. Il s'est gentiment laissé dévorer pour que le pouce et l'index marchent ensemble, main dans la main sur le même chemin.

Grisée par quelques verres de vin râpeux, c'est moi qui me suis fatiguée la première. Gaby prolongea la bonne humeur en lançant encore quelques étoiles au travers de la pièce, puis elle épingla un soleil couchant.

Tels deux avions de papier en perdition, nous nous sommes écrasées sur le sol, près de la cheminée.

– Ne m'en veux pas, Gisèle, mais je n'irai pas avec toi à Paris.

– Ne m'en veux pas, Gaby, mais je crois que tu vas être obligée de me supporter encore longtemps, parce que je n'y mettrais plus jamais les pieds.

Les deux années de ma vie parisienne ont été en réalité deux années d'exil. C'est dans le rêve que je pensais pouvoir oublier la mort de Pierre. La déchéance a bien failli dissoudre mon amour. Mais j'en suis revenue plus amoureuse encore.

Le départ de Gaby, la mort de Pierre

– Tu n'es pas encore prête? Allez, dépêche-toi, on va être en retard! me dit Pierre en tapant dans ses mains en signe d'impatience.

– Attends, attends, j'ai perdu heu... Je cherche mon chapeau!

– Tu l'as laissé sur le lit.

– Mais non! je viens de regarder, il n'y est pas!

Pierre fait demi-tour et entre dans la chambre:

– Et ça, qu'est-ce que c'est?

– Ah! mon chapeau! pourtant il n'y était pas y a deux minutes!

– Mais bien sûr!

Il est dix-sept heures, nous quittons la maison. Dix ou douze grandes enjambées plus loin:

– Attends, j'ai oublié quelque chose!

– Quoi encore!

– Mon foulard. Je n'partirai pas sans mon foulard!

– Pardonnez-la, Seigneur, elle est si jeune, murmure Pierre, les yeux aux cieux.

En courant, je repars dans l'autre sens et il me crie:

– J'ai oublié mon tabac, tu peux le prendre, s'il te plaît?

Je savais bien que refaire ce chemin pour aller à la rencontre de ce jour me mènerait jusqu'aux larmes. C'était inévitable, mais ça va passer... Ça va passer...

Passé le sycomore, Pierre me prend par la main et me fait une confidence:

– Sais-tu que je donnerais ma vie pour toi?

– Pourquoi dis-tu ça?

– Parce que c'est la vérité.

Juste des paroles qui avaient devancé le destin.

Ces mots se sont accrochés sans faillir aux murs de ma mémoire, et quand ils contemplent maintenant leur messagère en pleurs, ils s'exclament :

– Pourquoi sanglotes-tu, Gisèle, pourquoi ? Sais-tu que sur cette terre, des gens vivent et meurent sans jamais avoir connu l'amour ?

Je sais tout cela, et la douleur même du désamour m'assaille.

Aussi je ne peux, sur mon sort, m'apitoyer. Seulement j'aurais voulu que le mien s'étire un peu dans le temps. Rien de plus.

Sur cette terre où tout nous est compté, je n'aurais eu qu'un seul regret, celui de n'avoir pas su profiter pleinement de ces dernières heures. Je les ai laissé filer sans même m'en apercevoir. Pierre et moi étions baignés dans un bonheur simple et naturel. Quand on possède celui-ci, on ne prête guère attention au temps qui s'écoule entre sa naissance et sa finalité. On se laisse doucement envahir et plus rien ne compte.

Quand, sans prévenir, il nous dépossède, quand on comprend que plus rien ne fera revenir cet amour, vient alors une triste réalité : on n'aimera plus personne.

Eh oui, Mademoiselle Massard, le verbe aimer est certes le plus beau, certainement pas le plus facile. Sachez que, toutes peines confondues, il devient aisément son contraire. Comme je serais heureuse, un jour, de vous l'entendre dire…

– Alors ma chérie, tu es prête pour faire la fête ? me dit Pierre à mi-chemin entre la maison et l'Éden.

– Plus que jamais ! Mais savoir que Gaby doit partir, m'attriste un peu.

– Je crois que ce soir tout le monde va ressentir cela, mais elle reviendra, j'en suis sûr.

– Quand ?

– Je ne sais pas.

Il y avait dans sa voix autant de tristesse que dans la mienne.

Gaby était entrée dans le cœur de tous. La laisser partir nous demandait un effort presque surhumain. Moi qui croyais être la seule personne affectée par son départ, je compris qu'en fait, elle s'était faufilée au plus profond de nos âmes. Même si elle ne devait jamais revenir, elle restera amarrée à notre mémoire tel un navire à quai. Chacun gardant d'elle un sourire, un mot, un regard, une douce mélodie fleurie, un parfum.

Moi, c'est la lumière de ses yeux que j'ai conservée, une douce lumière brune saturée d'espoir et d'envie de vivre.

– Je crois que Gaby va avoir une sacrée surprise ce soir ! me dit Pierre. J'ai surpris une conversation entre Vito et Lulu. Je ne sais pas de quoi il s'agit mais ils complotent quelque chose qu'elle n'est pas prête d'oublier !

– Tant mieux, ça l'obligera à penser à nous.

– Ouais !

Nous traversons Tresseigne. S'impose alors à nous ce long silence maladif.

Assise à l'ombre, grand-mère nous attend. Pieds nus, ses chaussures à la main, elle s'écrie :

– Ah, mes enfants ! Cette foutue chaleur m'a fait gonfler les pieds. Regardez-moi ça un peu !

Pierre s'agenouille et à l'aide de ses deux pouces, commence à les lui masser.

– Vous devriez les tremper dans l'eau fraîche, la source est juste là, derrière les arbres.

– Et qu'est-ce que tu crois que j'ai fait en vous attendant ? Voilà plus d'une heure qu'ils trempent à m'en glacer le sang, mais rien n'y fait. Faudrait pas vieillir, voilà tout !

Elle me lance un gros sourire joufflu :

– Et toi petite, qu'est-ce que t'en penses ?

D'une voix faible je réponds :

– Je pense qu'il faut être de Tresseigne pour oser hurler ainsi.

– Celui qui me fera taire n'est pas encore né, crois-moi ! Peut-être le bon Dieu, et encore. J'aurais tant de reproches à lui faire que le pauvre n'osera même plus sortir de chez lui !

S'accrochant au bras de Pierre, elle reprend de plus belle :

– Allez, laisse donc mes pieds tranquilles que tu me chatouilles ! Aide-moi plutôt à me mettre debout, bougre de toi !

Par un terrible effort, elle se hisse et je lui demande :

– Tu veux que je t'aide à remettre tes chaussures ?

– Oh non ! je préfère encore marcher pieds nus. J'aurais dû mettre mes vieux sabots, j'aurais été plus à l'aise. Tu comprends, je ne suis pas habituée à marcher avec ça.

Alors nous reprenons notre route, soutenant grand-mère chacun par un bras.

Passé le hameau, une odeur que nous connaissons bien, éveille en nous une agréable sensation qui nous fait presser le pas.

– Hey, n'allez pas si vite. Vous voulez me tuer ou quoi ?

C'est une odeur de fête, celle de l'agneau cuit sur la braise.

Elle aiguise notre appétit en s'abattant sur le paysage tel un brouillard d'automne.

Dissimulé derrière l'épaisse fumée, le soleil rougi du presque couchant semble vouloir s'écraser sur la colline. Il empourpre tout ce qu'il touche, s'emmêle dans les cheveux gris de grand-mère et laisse derrière nous des ombres démesurées.

Il se tient prêt, prêt à se mêler aux convives, aux réjouissances qui se préparent.

– Ce que je vais dire, lance grand-mère, je le pense sincèrement.

– Quoi donc ? rétorque Pierre.

– Vous faites un beau couple tous les deux. J'ai envie, mais alors une envie folle de vous embrasser !

– Eh bien allez-y, la Louise ! Y faut surtout pas vous gêner.

Alors elle s'agrippe à nos épaules et chacun notre tour, nous recevons une demi-douzaine de bisous, tous chargés d'amour sincère.

– Tu fais vraiment une grand-mère formidable, lui dis-je dans une embrassade à n'en plus finir. Ceux-là comptent pour tous ceux que je n'ai pu te donner avant.

Son sourire de vieille dame en dit long sur l'amour qu'elle nous porte.

Puis d'un coup, elle s'arrête, tourne la tête pour regarder derrière nous, hésite à me parler, refait trois pas, hésite encore. Elle garde en elle des mots qui ne peuvent pas sortir.

– Eh bien quoi, la Louise ! Ce sont vos pieds qui vous font mal ?

– Non, mes pieds ça peut aller, répond-elle chagrinée.

Puis me regardant droit dans les yeux, elle se décide enfin :

– Il se dit beaucoup de choses sur toi, le sais-tu ?

– Non, mais je m'en doute !

Se tournant vers Pierre :

– Et sur toi aussi, il se dit des méchancetés.

– Que voulez-vous qu'on y fasse !

– Oh rien, mais sachez que vous n'avez pas que des amis…

Je profite d'un moment de silence pour murmurer :

– Amis ou pas, je m'en moque. Je suis heureuse, c'est tout ce qui m'importe.

Alors ce que les gens disent ou pensent…

– T'as bien raison, ma fille, t'as bien raison. Et au fait ! Comment va le cheval ?

– Très bien ! Lui et moi, on se promène au moins deux bonnes heures tous les matins.

Et Pierre dit, d'un air de se moquer de moi :

– Oui, et elle a bien du mal à le quitter. Pour un peu, il faudrait que je lui apporte son repas sur la paille de l'écurie.

Le son du piano, les verres qui s'entrechoquent, les rires qui envahissent la colline nous font savoir que certains ont déjà commencé la fête.

Dès notre arrivée, nous sommes accueillis par un large sourire, celui de Gaby elle-même.

C'est un sourire étrange, forcé, pas naturel. Un sourire qui s'estompe dès que l'on a le dos tourné, cela ne lui ressemble pas. Celui-ci cherche à imiter le bonheur, mais point n'y arrive.

Que cherche-t-elle à masquer, son mal-être d'avant nous ? La tristesse de son départ ? Les mauvaises paroles que quelqu'un lui aurait dites ? Lui aurait-on fait du mal ? Quoi ?

– Haaa ! Enfin les voilà ! crie Sculpteur. Dépêchez-vous, vous allez rater le début du spectacle !

– Un spectacle ! Quel spectacle ? s'interroge Pierre d'une voix posée.

En effet, quelques-uns ont conçu une petite pièce de théâtre en l'honneur de la Reine du jour. Cela a dû se préparer dans le plus grand secret, puisque aucuns d'entre nous ne semble être au courant.

Alors nous faisons comme tous les autres, nous nous asseyons par terre, face à la petite estrade de bois, en plein cœur de ce jardin magnifique, et nous attendons. Il y a tant de monde, tant de visages inconnus ce soir. S'ils sont venus pour Gaby, alors beaucoup se souviendront d'elle comme étant la douceur en personne. De par les cœurs, elle sera éparpillée aux quatre coins du pays et y sera présente à chaque instant. Son départ n'y changera rien.

Lucie, accompagnée de Sculpteur, nous apporte à boire. Ils prennent place à nos côtés. Je demande :

– Et maintenant, que va-t-il se passer ?

– Je n'en sais pas plus que vous, me répond Lucie.

– Qui sont tous ces gens ?

– Des amis, les amis des amis, les cousins et cousines des amis. Ça finit par faire beaucoup de monde.

– Des amis ! s'égosille grand-mère. J'en connais plus d'un qui ont la langue un peu trop pendue pour être dignes de ce mot… Des amis… Je n'en voudrais même pas pour porter mon cercueil !

Elle en cherche un du regard :

– Tiens, celui-ci par exemple, désignant l'Édouard par un mouvement de tête, Savez-vous ce qu'il raconte sur votre présence ici ?

Pierre avec sa nonchalance habituelle :

– Mais on s'en fiche, la Louise, on n'empêchera jamais les gens de parler !

– Certes on ne les empêchera jamais de parler, mais on pourrait au moins les faire taire !

– Ah oui ! Et comment ? dis-je avec une désinvolture qui ne me ressemble pas.

– Par un bon coup de poing sur le nez ! Si ton grand-père était encore là, je peux te garantir que l'Édouard, tout costaud qu'il est…

Laissant courir sa dernière note, le pianiste s'arrête de jouer, les doigts figés d'un commun accord sur le clavier. Les enfants font de même avec leurs derniers cris, et le soleil les imite en émiettant son dernier rayon dans les yeux impatients de Pierre.

Notre petit monde a le regard rivé sur la petite estrade, entre les deux flambeaux qui l'éclairent. Il est comme suspendu au bon vouloir de ces comédiens d'un soir, qui ne vont sûrement plus tarder. Alors le silence s'abat brutalement sur la colline, obligeant celui qui voudrait parler encore à se taire. Reste seul le crépitement des braises pour nous rappeler que c'est jour de fête, et qu'en aucun cas, ce jour-là sera triste.

Grimés, méconnaissables, les comédiens apparaissent, épouvantablement laids.

Le silence vient de se fendre en deux. Il a cédé sous les « Oooh », les « Bouhh », les « Beurk » des enfants. Une jeune femme se glisse, magnifique, entre la Laideur.

– C'est Gaby ! C'est Gaby ! Ma voix hurlante raisonne contre la bâtisse et couvre ses premiers mots.

– Chut! chuchote Pierre, un doigt sur la bouche, laisse-la parler. Et puis, arrête de taper des mains et des pieds, assieds-toi.

Mon contentement de la voir sur l'estrade, ma surprise aussi, m'a fait entrer dans une démence que je n'ai pas pu contrôler.

Tous les yeux maintenant sont sur moi et tous attendent que je me calme. J'ai honte, je m'assois, je me cache derrière grand-mère.

– Merci de m'accueillir si chaleureusement, Gisèle, mais laisse-moi parler. Si tu savais, si vous saviez comme il est difficile de vous dire à quel point je vous aime.

Je comprends maintenant le faux sourire qui l'habitait, la pauvre est morte de peur, trahie par le tremblement de sa voix. Le monde l'applaudit. Prête à sangloter, elle soupire, tend les bras vers nous, puis se tourne et se laisse encercler par la Laideur.

Laideur, représentée par quatre personnages. Quatre personnes ont endossé ce rôle que personne n'est capable de reconnaître.

Gaby reprend la parole pour un discours tremblant, le silence se recompose.

– L'un de ces abominables individus a écrit une petite pièce pour vous. Moi, je ne saurais jamais comment vous remercier de votre gentillesse à mon égard. Sans vous, et certains le savent bien, je ne serais sûrement plus de ce monde. Où que je sois, je ne vous oublierai jamais, parce que vraiment, je vous aime…

En quelques phrases, elle venait de dire tout ce qui était en moi, tout ce que j'avais voulu qu'elle entende et que j'avais si bien préparé. Elle m'a devancée, tant pis.

– Alors merci, merci de m'avoir permise de vous aimer. Cette petite comédie s'intitule: Les lettres d'« A.M.O.U.R. ».

La Laideur vient de déposer une couronne sur la tête de Gaby, puis s'éloigne d'elle pour se placer aux quatre coins de l'estrade.

Gaby devenue Reine, endosse alors une longue cape blanche et s'assied sur une chaise à haut dossier.

La Laideur se fait entendre, la pièce commence, on l'écoute.

Voyez-vous ma Reine, mes amours se lassent
Et me donnent quelques ennuis à tenir en place.
Serait-ce un crime que d'avoir la bougeotte
Quand on est soi-même victime du démon de la culotte ?
En toute honnêteté je puis vous assurer
Que cela devient un calvaire, j'en viens même à me demander
À quoi d'être votre poète me sert ?
Mes amours vont, viennent, et cela sans tabou
Je crois que je ne prendrai bientôt plus la peine
À essayer de me mettre debout…

Et la Reine prend la parole…

La pièce fut un succès incontestable. Gaby, Reine, a tenu son rôle à merveille, sans jamais faillir. Elle fut félicitée, embrassée, auréolée.

La Laideur et ses dignes représentants, Vito, Max et Lulu (je n'ai jamais su qui était le quatrième) ont joué ce soir-là un de leurs plus beaux rôles. Je les ai applaudis à m'en faire mal aux mains sans savoir que je glorifiais les prémices de ce qui allait me faire souffrir pour la vie entière.

Pierre et moi, nous nous mêlons à la foule. Il me présente à chacune de ses connaissances. Nous parlons de tout, de l'avenir crépusculaire et de l'incertain, de peinture, de dessins, de leurs enfants et de leurs chiens, bref, un verre à la main nous ne parlons de rien. Des invités se sont accaparés Gaby, elle est aux anges, elle rayonne. Elle converse avec les champions du monde du compliment, ce qui la fait beaucoup rire. Je la regarde, elle ne me voit pas. Elle est merveilleuse, je l'envie, je la jalouse. Je voudrais aller la voir, lui dire que moi aussi je l'aime, mais j'attendrai. Je suis fatiguée, je voudrais partir. Je le dis à Pierre.

– Déjà ? Mais on ne peut pas s'en aller comme ça, voyons !

– Si, on peut ! On va dire au revoir à Gaby et aux autres et on rentre.

– Non, Gisèle, cela ne se fait pas. Et puis nous n'avons même pas mangé. Lucie s'est affairée toute la journée pour cela, pour nous. Tu ne voudrais pas la décevoir tout de même !

Je baisse les yeux et je fais la tête, mais ça ne marche pas. Il a raison, je le sais, cela ne se fait pas, mais j'ai vraiment envie de rentrer. Alors j'essaie autre chose :

– Pierre, j'ai mal au ventre. Et à la tête aussi !

Il sourit, il ne me croit qu'à moitié. Il me prend par les épaules et m'entraîne à l'écart.

– Qu'est-ce que tu as, Gisèle ? Qu'est-ce qui ne va pas ?

– Je n'sais pas.

Je ressentais en moi une sensation bizarre, comme deux voix qui se faisaient écho. Une me demandant de partir, l'autre de rester. Mais comment lui expliquer ?

Je n'avais pas les mots pour cela, et puis, je ne comprenais pas moi-même. Alors je n'ai pas insisté, je me suis efforcée de retrouver joie et sourire sans y arriver vraiment. Si Gaby avait été près de moi, je suis sûre qu'elle aurait compris. Elle aurait su trouver les mots. Gaby aurait convaincu Pierre de ne pas me laisser seule.

– Bon ! Écoute-moi, ma chérie, je raccompagne la Louise jusque chez elle et je reviens. Assieds-toi là et attends-moi.

– Je viens avec toi !

– Non. Attends-moi, je n'en ai pas pour longtemps. Repose-toi !

Gaby aurait su le convaincre de ne pas me laisser seule.

Mais elle était ailleurs, enroulée dans les déclarations d'amour qui lui arrivaient par vagues.

Alors je me suis assise, le dos calé contre l'écorce d'un chêne en attendant que mon amour revienne. Le ciel était d'un noir absolu, déchiré çà et là par les foudres de l'été finissant. Chaque grondement me faisait sursauter. Les yeux fermés, la tête posée sur mes genoux, j'entendais les rires et les cris d'un monde en fête.

Pourquoi étais-je la seule à ne pas m'amuser ? Pourquoi cette voix persistait-elle à me dire qu'il fallait que je m'en aille ? Je me voulais loin, très loin de tout ce vacarme, en compagnie de Pierre. Juste lui et moi, serrés, sans parler, sans bouger, savourer chaque minute, chaque seconde. S'aimer, enfanter, s'aimer encore, vieillir, s'aimer toujours, essayer de ne jamais mourir.

Dans trois jours, nous partons pour Paris, je voudrais déjà y être.

– Allez Gisèle, lève-toi ! Tu n'entends pas l'orage ? C'est dangereux de rester sous un arbre. Ne reste pas là. Allez debout !

Il me sort brutalement de mes pensées, me prend par la main et je me relève.

– Où est Pierre, il t'a laissée toute seule ?

– Il est parti ramener grand-mère chez elle. Mais il va revenir !

Malgré les restes de laideur qu'il possède encore, le visage de Vito d'un coup s'éclaire. C'est le moment qu'il attendait.

– Il est parti ? Alors ne reste pas seule, suis-moi. La vie est faite pour s'amuser.

Me tenant toujours par la main, il part en farandole, m'obligeant à faire de même.

Arrivé auprès de Max et Lulu, il crie :

– Eh les gars ! Pierre est parti ramener la grand-mère. C'est le moment de lui faire une blague, vous ne croyez pas ?

À l'unanimité, ils sont d'accord.

Je demande de quoi il s'agit. Ils m'expliquent qu'avant d'être parmi nous, ils vivaient à Bordeaux et que là-bas cette blague les faisait beaucoup rire. Le jeu consistait à me rendre méconnaissable aux yeux de Pierre.

Pour cela, ils vont me travestir. Je dois devenir un garçon.

Mes cheveux seront coupés et, juste sous mon nez, une fine moustache sera collée. Je dois aussi passer un pantalon gris et une chemise blanche. Le but, tenir une heure au moins sans que Pierre puisse se douter de quelque chose. L'enjeu, la reconnaissance et l'entrée dans le monde très fermé des poètes piégeurs de l'impossible, petite société secrète qu'ils ont créée entre eux voilà dix ans. Ils me disent aussi que très peu ont réussi.

– Te crois-tu capable d'y arriver ? Crois-tu que tu peux tenir une heure au moins ? me dit Lulu.

– Et comment ! Je vais vous montrer moi, de quoi je suis capable ! dis-je, trouvant soudain ce jeu très amusant.

À seize ans, on est capable de tout, même de croire aux plus vils mensonges.

Mais ce que l'on ne peut pas, c'est imaginer que ses meilleurs amis puissent devenir ses meilleurs ennemis. Jamais on ne les voit le visage endiablé, l'âme mauvaise. Alors, emportée par leur enthousiasme et leur euphorie, je relève le défi, sûre de moi, prête à tenir Pierre en échec la nuit entière. Il va sûrement me chercher partout, eh bien, je l'aiderai à me chercher partout.

Enfermés tous les quatre dans une des chambres de la maison, Vito me demande si je suis prête. Assise sur un tabouret je réponds :

– Oui, tu peux y aller, coupe !

Mes longs cheveux glissent sur mes épaules et tombent sur le sol.

Ce sont autant d'années sur moi qui ruissellent. C'est la seconde fois de ma vie qu'ils sont coupés. La première, je devais avoir neuf ou dix ans. Mais cela ne me gêne pas parce que Pierre m'avait dit un jour, en les relevant entièrement sur ma tête, que les cheveux courts m'iraient très bien. Alors pour lui, je laisse faire Vito, moi, je n'aurais jamais osé.

Quand Pierre revint, je n'ai pas fini de m'habiller.

– Dépêche-toi, Gisèle, Pierre est en bas ! me crie Max qui le regardait par la fenêtre.

– Oui, j'arrive ! dis-je cachée derrière le paravent.

Je boutonne ma chemise et la rentre dans mon pantalon. Une paire de bretelles par-dessus, un gilet à poches étroites d'où dépasse la chaînette d'une montre en argent.

– Voilà, je suis prête!

Je me place face à la glace de la grande armoire, c'est le choc.

Mes cheveux sont huilés et plaqués en arrière. La fine moustache me descend jusqu'au menton. Je suis si sérieux, presque sévère. Ghislain, c'est le nom qui m'a été donné par Vito, prend une dimension que je n'attendais pas. Il est impressionnant de justesse.

Tous trois me regardent, médusés.

– Wouah! Et beau gosse avec ça. Allez file. Et... bonne chance!

– Merci, les gars! À tout à l'heure! m'efforçant de tenir au mieux une voix grave.

D'une démarche lente mais bien assurée, je descends l'escalier la tête haute, le buste bien droit.

Ghislain est un homme élégant et raffiné. En tout cas, c'est l'image qu'il se donne. Ce jeu, il veut le gagner et il fera tout pour cela, loin de se douter que le piège qu'ils ont conçu pour lui, est déjà en train de se refermer.

Pierre est entré dans la grande salle où se restaure une trentaine de personnes. Sa tête pivote à droite, à gauche, ses yeux prospectent. Il cherche sa Gisèle, son amour. Il ne la voit pas, elle n'est pas ici, alors il demande. Et de l'agneau plein la bouche, les gens disent que non, ils n'ont pas vu Gisèle, ce qui amuse beaucoup Ghislain.

Il ressort et frôle de son épaule le charmant jeune homme que je suis devenue.

– Oh pardon, monsieur!

– Mais y a pas de mal, monsieur, y a pas de mal. J'ai cru comprendre que vous cherchez quelqu'un, n'est-il pas juste?

– Euh, oui, je cherche une jeune fille, Gisèle. Vous l'avez vue?

– Heu, voyons voir... Non, désolé! Je ne connais pas cette jeune fille. Gisèle avez-vous dit, c'est bien cela?

– Oui ! Elle a une robe bleue, un foulard et un chapeau.

– Non, vraiment je n'vois pas. Mais voulez-vous que nous la cherchions ensemble, elle est peut-être dans le jardin !

– Merci, je veux bien oui !

Il me tend la main :

– Moi, c'est Pierre !

– Enchanté ! Moi, c'est Ghislain !

Et nous sortons tous deux dans le jardin, à la recherche de Gisèle.

Pendant quelques secondes, j'ai douté. Je pensais vraiment que ma voix allait me trahir. Mais non, il ne remarqua rien. Par contre, la sienne me bouleversait. Elle était contrariée, parsemée d'inquiétude. Peut-être pensait-il que j'étais rentrée seule ? Il devait sûrement s'en vouloir d'avoir refusé que je l'accompagne jusque chez grand-mère.

Il part d'un côté, moi de l'autre. Du coin de l'œil, je le suis. Il me cherche et cela m'amuse.

Il parle à Jongleur et fait de grands gestes. Je me place en retrait et j'observe. Je n'entends pas mais je devine. Jongleur dit : oui…, dit : non…, dit : je n'sais pas, tend le doigt en direction de la maison. Pierre dit : j'en viens, elle n'y est pas. Son visage est sans sourire, il s'inquiète.

Ghislain me dit : « *Plus que trente-cinq minutes et je meurs, et si je meurs, je gagne !* »

Je lui propose de mourir tout de suite, et de perdre.

Ghislain me dit : « *Pas question !* »

Pierre serpente à travers le jardin. Près de la gloriette, Pianiste, aidé de Max et Lulu, déplace le piano pour le mettre à l'abri. Pierre les interpelle :

– Oh les gars ! Vous savez où est Gisèle ?

– T'as regardé dans les buissons ? dit Lulu. Elle est peut-être avec un beau jeune homme !

– Ah, ça c'est malin… Non sans blagues, vous savez où elle est ?

– Mais elle n'est pas perdue, ta Gisèle ! Elle est partie avec Vito jusqu'au village.

– Jusqu'au village ? Et pour quoi faire ?

– Chercher de l'absinthe chez l'Émile Priadou.

– À pied ?

– Mais non pas à pied ! Avec la charrette.

Voilà Pierre rassuré.

Il ne lui reste plus qu'à attendre tranquillement mon retour. Bravo Lulu, tu excelles dans le mensonge autant que dans tes poésies. Je crois que sans toi, Ghislain serait mort avant la fin du jeu.

Mais où est passé Vito ? Je ne l'ai pas revu depuis que je suis sortie de la chambre. D'ailleurs, sa charrette n'est plus là non plus. Serait-il vraiment parti au village ? Pourquoi y serait-il allé seul ? Et pour quoi faire ? Je n'ai jamais vu Vito sans ses deux compagnons, jamais ! Mais je ne prête guère plus d'attention à ces questions. Après tout, il était assez grand pour savoir ce qu'il avait à faire.

Ghislain avait encore dix petites minutes à vivre.

Il va donc décider de les passer auprès de Pierre, tout près. Après cela, il ôtera sa moustache. Gisèle passera alors dans ses cheveux ses mains, pour les ébouriffer. Elle retrouvera aussi sa voix et criera : « *J'ai gagné !* » Elle sait qu'il va beaucoup rire, parce qu'elle le connaît bien. Pierre adore rire aux bêtises de Gisèle.

Ghislain avait donc encore en lui dix minutes de vie quand il s'approcha de Pierre, mais Pierre n'en avait plus que neuf.

Il ne saura jamais qui se cachait sous les traits de ce charmant jeune homme.

– Ah Pierre, vous voilà ! J'ai cherché partout la jeune fille dont vous m'avez parlé, mais je ne l'ai pas trouvée !

– C'est gentil à vous, Ghislain, mais ne cherchez plus. Elle est avec Vito, donc elle ne risque rien.

– Vous voilà tranquillisé alors !

– Oh oui ! C'est vrai que pendant un moment, j'ai pris peur.

– Peur qu'il lui soit arrivé quelque chose ?

– Vous savez, je suis vraiment attaché à cette petite. Je crois que si elle n'était plus là, je ne m'en remettrais pas.

Il est si sincère, si touchant. J'ai envie de le prendre dans mes bras, mais pas encore, pas encore. Alors Ghislain acquiesce et dit :

– Vous l'aimez ?

– Plus que tout au monde. Je donnerais ma vie pour elle !

– Eh bien ! Voilà ce que l'on peut appeler de l'amour. Et elle, elle donnerait sa vie pour vous ?

– Je n'sais pas, je pense que oui !

Lulu, qui me regarde de biais, me félicite du pouce levé.

Il sait que je vais gagner ce jeu. Je poursuis :

– Comme je vous envie. Moi je n'ai pas encore trouvé celui qui… Pardon, celle qui m'aimera d'un amour aussi fort.

Là, j'ai bien failli me faire avoir, mais il ne remarqua rien.

– Vous êtes jeune encore, vous avez le temps ! Vous la trouverez, j'en suis sûr. Voulez-vous que nous fassions quelques pas ?

Je sors la montre de ma petite poche.

Deux minutes, c'est le temps qu'il reste à Ghislain et à moi pour une parfaite harmonie. Si l'un de nous deux flanche, tout est fini.

– Volontiers ! Marchons un peu.

Et Pierre m'entraîne à l'écart des autres. Là, il me caresse la joue et je ne comprends pas. Ghislain voudrait le gifler, Gisèle le retient. Il dit :

– Eh bien, cher ami ! Que vous arrive-t-il ?

Mais Pierre ne l'écoute pas. Il l'embrasse.

Sa bouche est sur la mienne, ma langue est sur la sienne.

Une détonation,…

Des cris,…

C'est fini…

J'ai encore devant mes yeux cette image, terrifiante image. Celle de mon père. Mon père, tenant le fusil, son fusil, qui fume encore du meurtre de mon amour.

Mon père, ivre mort, que Vito était allé chercher au village et avait ramené jusqu'ici. Mon père, assez stupide pour le croire : « *Venez voir, Monsieur Darnault ! Venez voir ce que Devanel a fait de votre fille ! Comment ! Vous ne saviez pas qu'il aimait les jeunes garçons ? Eh bien, venez voir par vous-même* ! »

Terrifiante image que celle de mon frère, se tenant derrière le père, à sourire.

Et j'ai vécu jusqu'ici avec un baiser qui ne m'était pas destiné.

Révélation

Le jour vient enfin de se lever et ce matin, le ciel a l'air clément. Plus le moindre petit nuage. Eux et moi, nous avons versé dans la nuit toutes nos peines, nous n'avons plus rien à pleurer. Désormais, si des larmes doivent encore dégouliner sur mon visage, c'est la joie qui les fera naître, la joie uniquement.

Ce matin, le ciel est d'humeur plaisante, alors c'est de bleu que je vais m'habiller.

D'habitude, quand je suis seule, je monte dans le grenier pour mieux voir le soleil apparaître, pour être la première à profiter des lueurs de l'aube. Debout sur une chaise, la chaise posée sur une table, à travers la lucarne, je l'admire, je le remercie. J'ai toujours été fascinée par cette gigantesque boule de lumière qui nous inonde et nous réchauffe.

Mais aujourd'hui, je ne le ferai pas. Aujourd'hui, dans le grenier, à l'endroit même où Pierre m'avait improvisé une couche, un homme dort.

Cinquante ans de silence et celui dont j'avais presque oublié les traits est venu, une vérité enfermée dans sa poche, une vérité connue de lui seul. La révélation.

Mis à part, Guillaume qui vient me voir de temps à autre, je suis restée des années en pensant que je n'existais plus pour personne. Le courrier que je reçois des États-Unis d'Amérique est depuis longtemps mon seul lien avec Gaby. Sa dernière lettre, celle où elle me dit que Malcolm, le dernier de ses quatre enfants, va entrer à l'Actor's Studio, remonte à plus de cinq mois maintenant.

J'ai toujours beaucoup de plaisir à recevoir des nouvelles d'elle et de sa famille. Dans chacune de ses lettres, elle glisse toujours une photo. Gaby à cheval, Gaby au golf, Gaby sur un voilier, Gaby et son mari dans le désert du Nevada, Gaby et ses enfants en vacances aux îles Fidji… Tout ce bonheur en images qu'elle m'envoie est épinglé sur un mur, entre la bibliothèque et le carillon.

Ce qui la rend heureuse, me rend heureuse.

Guillaume et Gaby sont les seuls événements qui de temps en temps viennent fendiller ma solitude. Rien de plus, jamais.

Or, hier après-midi, devant la maison, une auto s'arrête. Un vieil homme en descend. Son dos est courbé, sa démarche semble douloureuse.

– Bonjour madame, êtes-vous Gisèle Darnault ? me demande-t-il, tenant son chapeau à deux mains sur son ventre.

– Oui, c'est moi.

– Mon nom est Frédéric Kovinsky… Je peux entrer ?

– Ko-vin-sky ? Frédéric Kovinsky ? Désolée monsieur, mais je ne vous connais pas.

– Ah !… Et si je te dis Jongleur, tu me laisses entrer ?

Il s'est écoulé un bon moment avant que je puisse à nouveau parler.

Sur le pas de la porte, seuls nos yeux conversent. Les siens semblent dire : *Tu vois, Gisèle, je ne t'ai pas oubliée, je suis venu.*

Et les miens : *Jongleur ! C'est vraiment toi ? Je ne rêve pas ?*

Sa tête fait : *Non, Gisèle, tu ne rêves pas, c'est bien moi.*

Et la mienne : *Ah bin, ça alors !*

De sa poche, il sort trois petites balles et d'une main les lance en l'air l'une après l'autre.

Le geste est maladroit, la voix est éraillée :

– Yop yop yo !… Yop yop yo !… Tu me laisses entrer ?

– Mais bien sûr. Entre Jongleur, entre !

C'est sa peau fripée qui me fit réaliser le tort que nous fait le temps quand il s'acharne. Son visage et ses bras ont les mêmes nervures qu'une feuille morte. Son cou fait des vagues au-dessus d'une chemise boutonnée jusqu'en haut.

Presque en déséquilibre à chaque pas, ses doigts à demi-recroquevillés semblent vouloir se raccrocher à quelque chose que je ne vois pas, à la vie peut-être.

Alors je n'ai plus qu'à tout chambouler dans ma mémoire et faire un peu le ménage, parce que Jongleur y était resté tel que je l'avais connu. Vieux, je ne pouvais pas me l'imaginer.

Il me dit que je n'ai pas changé, que je suis toujours aussi belle.

Ceci pourrait confirmer ce que je pense de ce satané miroir. Mais l'un des deux est un menteur, ça ne fait aucun doute. Par amitié, j'aimerais croire Jongleur, croire que je suis belle encore mais maintenant qu'il est face à moi…

Tout sourire et sans retenue, il laisse courir quelques mots d'émotion, puis très vite émerge et s'installe notre passé commun. Il n'a duré qu'une moitié d'été, pourtant nos souvenirs s'étirent, infiniment plus grands, infiniment plus beaux, bien plus vivants que ceux qui s'empilent dans les archives d'une vie entière. L'un comme l'autre, nous esquivons volontairement ceux du dernier soir, non par peur de se faire peine, mais par crainte d'abîmer la joie des retrouvailles. Nos paroles sont lancées dans le désordre, elles s'entrechoquent, s'emmêlent, se dispersent. Elles éclaboussent cinquante ans de séparation. Il veut tout savoir, je veux tout connaître. On déballe les « comment » et les « pourquoi » tels des paquets-cadeaux. Il me dit que je suis belle. Je réponds que c'est un agréable mensonge. Le rire nous emporte, on se laisse envahir par les larmes, on se serre, on se caresse le dos. On surmonte nos douleurs de vieillesse pour entamer quelques pas de danse, et à nouveau :

– Tu es restée vraiment très belle, Gisèle.

– Dis-moi, Jongleur, tu n'es quand même pas venu jusqu'ici pour me faire des compliments sur ma beauté !

– Non, j'avais juste envie de te revoir, c'est tout.

– C'est tout ?... Tu es sûr ?

– Oui... enfin non, pas tout à fait ! Comment dire... Je heu... Eh Merde !

Il fouille dans sa poche de veste et sort une enveloppe. Il me la tend et dit :

– Tous les ans... Tous les ans, je t'ai écrit une lettre, toujours la même, sans jamais oser te l'envoyer. Celle-ci, je l'ai écrite il y a deux jours... Elle renferme une vérité que je suis le seul à connaître. Alors j'ai préféré te la porter moi-même... Tiens, voilà la lettre !

– Tu m'as l'air bien mystérieux ! C'est quoi cette vérité ?

– Eh bien, ouvre... et tu sauras.

« *Ma chère Gisèle.*

Voilà plus de cinquante ans maintenant que ce jeu stupide nous a détruits. Quand je pense à la maison d'Éden, je ne peux m'empêcher d'avoir les larmes aux yeux. Pierre était vraiment un être exceptionnel et je maudirai à jamais Vito, Max et Lulu pour ce qu'ils ont fait.

Autant que les autres, j'ai fait preuve de lâcheté en t'abandonnant ainsi. Moi aussi, je t'ai laissée seule à te débattre avec ta peine et je mérite sûrement d'être maudit à mon tour. Tu étais la compagne de Pierre et j'avais un profond respect pour cet homme-là. Tu ne l'as sans doute jamais su, mais j'étais follement amoureux de toi. Mais votre amour à tous les deux était si fort et si vrai que j'ai fait le maximum pour que le mien jamais ne se remarque.

Gaby ce soir-là a tenu son rôle de Reine à merveille. Mais dans mon cœur et dans mes mots, la Reine, c'était toi.

Ne t'inquiète pas, Gisèle, je ne te fais pas une déclaration. J'évacue juste un vieux souvenir.

Si je t'écris, c'est pour te dire ce qui me ronge depuis très longtemps.

Te souviens-tu des mots que tu as prononcés juste après le coup de feu ?

Tes lèvres n'arrivaient pas à se détacher de celles de Pierre. Vous étiez tous deux à genoux, tu le tenais par le col. Quand son corps fut trop lourd et qu'il a basculé, il t'a emportée sur le sol avec lui.

Te souviens-tu de tes mots ?

« Pour qui était ce baiser, Pierre ? Dis-moi pour qui il était ?... »

Moi je ne les ai pas oubliés. Ces mots sont en moi, ils me hantent.

Était-il pour toi ce baiser, était-il pour Ghislain ? Tu ne le savais pas.

Aujourd'hui, je te donne la réponse que tu attends depuis si longtemps.

Il était pour toi, Gisèle, il était pour toi.

Quand Pierre te cherchait partout et qu'il est venu me parler dans le jardin, il t'avait déjà reconnue. À la minute même où tu lui as proposé de l'aider à te chercher, il t'avait reconnue.

Tes yeux, Gisèle, tes yeux.

Ils sont inoubliables. Toi seule possèdes un bleu d'une telle intensité.

Pierre connaissait le jeu du déguisement. Il en connaissait la règle. « Tenir une heure au moins ». Alors il m'a dit :

« Les poètes ont recommencé leur jeu, ils ont fait de Gisèle un garçon. Surtout ne dis rien, il faut qu'elle gagne ! »

Ça l'amusait beaucoup de te voir ainsi déguisée. Moi aussi d'ailleurs, surtout quand tu te cachais pour pas qu'il ne te voie. Je te suivais discrètement, j'étais juste derrière toi, et à aucun moment, tu ne m'as vu.

Ce baiser était pour toi, Gisèle, il était pour toi. Il t'avait reconnue.

Pardonne-moi si je t'ai fait du mal.

Une dernière chose : Sous la pierre plate qui porte ton nom, j'ai enterré une petite boîte enveloppée dans un sac de cuir. Elle t'attend depuis plus de cinquante ans.

Porte-toi bien, Gisèle.

Jongleur. »

« *Mon cher Jongleur*

As-tu bien dormi cette nuit ? Ce matin, je vais marcher plus vite que tous les autres jours, curieuse de ce que tu as caché sous cette pierre. Mais je pense savoir ce que je vais trouver. Ne serais-tu pas le quatrième personnage qui représentait la Laideur ? Celui qui a écrit la pièce ? J'ai emporté avec moi ta lettre que je vais relire encore et encore.

Non, Jongleur, tu ne m'as pas fait mal. La seule douleur que je vais avoir est de trouver les mots pour te remercier. Attends-moi.

Une dernière chose : Tu sais, j'avais seize ans, je voulais juste aimer les gens.

Gisèle. »

Les lettres d'A.M.O.U.R.

De Frédéric Kovinsky

La Laideur : Voyez-vous, ma Reine, mes amours se lassent
Et me donnent quelques ennuis
À tenir en place.
Serait-ce un crime que d'avoir la bougeotte
Quand on est soi-même victime
Du démon de la culotte ?
En toute honnêteté je puis vous assurer
Que cela devient un calvaire.
J'en viens même à me demander
À quoi d'être votre poète me sert
Mes amours vont, viennent, et cela sans tabou
Je crois que je ne prendrai bientôt plus la peine
À essayer de me mettre debout !

La Reine : Je pardonne votre insolence, néanmoins je reste Votre Altesse
Vous écoutez vous lamenter sur « vos amours » nullement ne m'intéresse.
Le seul amour qui me soit connu, le seul, n'a pas de « S »
Juste un petit « R » assidu, avant le point final
Et ce qui le rend original
C'est sa façon de se laisser envahir
Par un petit air narquois, par un malin plaisir
Qu'il prend d'ailleurs sans retenue

À mettre des coups de pied au « U »
Voyez-vous, même nu
Vous n'aurez jamais le « U » de mon amour.
Ôtez-le, qu'obtenez-vous… qu'obtenez-vous ?

Amor !

Bien ! Et dans la confusion, voire même par contagion
C'est la mort qui calmera vos ardeurs, et non la pudeur.
Le « U » de nature ambiguë
Se laisse affliger des sévices qui,
L'affaire est bien connue
Ne sont que prétextes pour se jeter à l'« O »
Alors il se débat, cherche un peu d'air, voudrait s'accrocher au « R »
Ce n'est que peine perdue, que coup d'épée dans l'eau
Le « O » le rejette, lui crache à la face
Alors le « U » reprend sa place
Et le « R » à nouveau lui tape dessus.

Si je vous ai bien compris
L'amour dont vous me parlez
Est un amour très élaboré

Vous semblez oublier qu'en ce pays je suis Reine
Et que, par conséquent je n'ai nulle intention
De consacrer plus de temps à la réflexion
De ce curieux dilemme
Quelle audace, quel toupet !
Vos amours me terrassent, foutez-moi la paix !
Je vous dis simplement que mon derrière me suffit
Touchez-le si cela vous chante
Mais faites-le de manière innocente

Osez, osez-vous dis-je mais de grâce
Épargnez-moi vos émois

Calmez-vous, Votre Altesse, n'ayez point de colère
Et qu'aucun de mes gestes ne vous blesse
Mais c'est justement ce que j'allais faire.

Allez-vous cesser vos idioties, nom de nom !
Allez donc traîner vos fesses ailleurs que sous mon perron.

Reine, par pitié, laissez mes amours s'exprimer !

Taisez-vous, taisez-vous donc malheureux !
Je vous trouve bien trop orgueilleux pour vous laisser parler
Mieux vous vous sentiriez, si vous me laissiez finir
Le « O » est oppressant, et sa rondeur vous attire
C'est tout sourire que vous vous en approchez
Confiant, vous commencez à tourner
Lentement, autour du « O »
Puis la ronde s'accélère
Et l'amour devient salutaire
Je le dis sans détournement, le « O » vous aspire
Et peut même, s'il le désire, vous casser les dents !

Savez-vous, Votre Altesse, que tourner apporte l'ivresse
Je veux bien, et je le confesse, mourir de vieillesse
Mais je ne vous suis qu'à demi-mot
Quand allez-vous cesser de tourner autour du « O »

Vous l'avez pénétré, il vous retient,
Désormais, vous l'avez dans vos mains
Il est monté si haut que le « O » vous dit « Tu »

Et à petit feu, il vous tue.
Cela fait partie du jeu.
Le « O » du mot amour, n'a d'égal
Que le « O » du mot soleil
Osez le regarder en face, et c'est le grand sommeil
De bas en haut alors, tout n'est que vertige
Quand, haut et fort, il déclare qu'il vous aime
La vérité est qu'il aime, que dis-je
Qu'il adore, se suffire à lui-même.

Jurons ! Blasphèmes !

Le « O » est si rond et si malin
Que s'en méfie, le « M », son voisin
Et mène une vie de bohème.
Le « M » prend plaisir à s'allonger, sans un mot
D'abord sur le côté
Puis après sur le dos
S'étirant, s'étirant sans cesse.

Comme le sourire de Votre Altesse
Quand elle dort.

Oui ! et le « M » s'étire encore
Si bien et si fort
Qu'il disparaît
Plus de jambage, plus de pont
Juste un trait d'horizon.

Mais Majesté, si le « M » s'est effacé
Alors l'amour perd tout son sens.
Loin de moi l'idée de vous juger

Que le « M » continue son errance
Après tout, le monde s'en fout.

De vous à moi, je vous vois déçu
Songeur en tout point
Vous aurais-je déjà convaincu
De ce dont l'amour a besoin ?

Je vois venir le « A » dans sa grande détresse
Alors il se doit d'être plus bas que le « A » d'une Altesse

Ne soyez pas ridicule, ce « A » sans allégresse
N'a point de scrupule, le mien porte majuscule
Et n'a d'égal que le « A » de sagesse.
Ce « A » deviendrait un fléau, je dois vous l'accorder
Pour celui qui en héros chercherait à le déplacer.

Je n'ai pas la prétention de vous être supérieur
Je tiens beaucoup trop à ma tête
Mais ces « A-M-O-U-R » qui font battre votre cœur
Sont bien trop petits pour être honnêtes.

L'amour est indivisible, admettez-le
Quelquefois pénible, fier et vaniteux
Mais que faire ?
Les lettres d'amour sont d'un fichu caractère
Mieux vaut les avoir à ses pieds
Les jours d'été, les nuits d'hiver
Et ne jamais, jamais s'en défaire.

Cet ouvrage a été édité par Les Éditions Velours
95, rue La Boétie – 75008 Paris

Tél. : 01 45 61 08 02
www.editionsvelours.com
contacts@editionsvelours.com

Imprimé en France

Dépôt légal 2e trimestre 2010.

ISBN 978-2-35167-233-4